Angelika Hoefler

Die Psychologie des Namens

Wie Sie buchstäblich
Menschen in ihrem Namen erkennen
Der Schlüssel zur Persönlichkeit

WINDPFERD

Die von der Autorin entwickelten Systeme stützen sich auf empirische Studien. Dennoch sollte jeder für seine Handlungen auch weiterhin selbst verantwortlich sein. Eine Haftung für etwaige Personen-, Sach- oder Vermögensschäden ist ausgeschlossen.

1. Auflage 1996

Umschlaggestaltung: Wolfgang Jünemann
Grafiken/Diagramme im Innenteil: © by Angelika Hoefler
Herstellung und Satz: *panta rhei! – MediaService*,
Uwe Hiltmann, Niedernhausen/Ts.
Lektoratsleitung: Monika Jünemann
Gesamtherstellung: Schneelöwe, 87648 Aitrang
ISBN 3-89385-163-1

Printed in Germany

Inhaltsverzeichnis

DIE PRAXIS

WIDMUNG

oder
Frauensprache – Männersprache
in diesem Buch

Das Buch ist sächlich. Der Name männlich. Die Psychologie ist weiblich. Die Interpretation ebenso. Das heißt: nein. Die über 1.000 psychologischen Namens-Interpretationen in diesem Buch sind gemischt – wie die Menschen, die es lesen.

Da die Vornamen, die ich nicht kenne, das Geschlecht des Menschen bezeichnen, kann ich also weder eine Frauensprache wählen, noch eine Männersprache. In diesem Buch, an erster Stelle, steht:

er, der Mensch.

Dieses Buch ist allen Menschen gewidmet.
Persönlich aber widme ich es
einer Frau – Erika

VORWORTE

Was dieses Buch kann

In diesem Buch geht es um Sie, und das namentlich von Anfang an. Sie sind willkommen auf jeder Seite dieses Buches: mit Ihrer Freude am Wissen, Ihrer Neugier, Ihrem Forschergeist, mit Ihrer Art zu suchen und zu erkennen, mit Ihrer Ungeduld und Ihrem Zweifel, mit Ihrem Ernst und Ihrem Humor, mit Ihrer Nachdenklichkeit und Ihrer eigenen Sicht der Dinge.

Natürlich ist es verlockend, zuerst einmal in die Kapitel mit den Interpretationen hineinzuschauen, denn Sie wollen ja wissen, wohin der Weg des Lernens führt. Und natürlich ist es dann unbequem, wieder zur Theorie zurückzukehren. Doch ist es immer so, daß, wer Abkürzungen wählt, nie das ganze Terrain kennenlernt – sich vielleicht sogar verirrt.

Dieses Buch ist das Ergebnis langer Forschungsarbeit. Ich habe Vielhunderte von auch historischen Namen untersucht, unzählige Erkenntnismethoden erprobt und wieder verworfen, neue erprobt und wieder neue und wieder andere. Ich glaubte mich ein paarmal schon am Ziel und war doch erst am Anfang. Ganz sicher habe ich keine komplizierte Lösung übersehen, doch erst in der Einfachheit die wahren Ergebnisse gefunden. Bis dahin war ein weiter Weg.

Wenn Sie nach dem Blättern in den Interpretationskapiteln wieder zu mir zurückgekommen sind und mir durch die einzelnen Kapitel, entlang der Spirale der Erkenntnisse, folgen, gibt Ihnen dieses Buch alles, was es kann:

Wir gehen durch die Grundlagen der Theorie über den im Namen erkennbaren Aufbau des Seins weiter zu meditativen Essays hierüber, die uns vorbereiten auf die Namenspsychologie. Wir machen uns vertraut mit der Methodik. Von ihr bekommen wir einen Schlüssel zur Persönlichkeit. Mit diesem Schlüssel öffnen wir uns ab hier jedes Haus, in dem ein Teil unseres Namens und damit ein Teil unserer Energie lebt. Wir sehen, welche Möglichkeiten wir haben, uns zu verwirklichen, in welchen Bereichen wir unsere Energie einsetzen sollten, wo wir uns mehr engagieren könnten und wo weniger mehr wäre. Wir sehen, wie unser Denken und Handeln oft miteinander jonglieren – und was daraus folgt. Wir sehen, wie wir wirklich sind. Aber auch, wie wir uns geben, auch, wie andere uns sehen. Doch alles der Reihe nach.

Psyche und Karma

In fast zehnjähriger Forschungsarbeit habe ich Systeme entwickelt, die zeigen, wie man im Namen, der uns vor der Inkarnation schon bestimmt ist, da er unsere Bestimmung enthält, diese Bestimmung erkennen kann – das Karma des Menschen. Karma ist ein Wort aus dem Sanskrit und bedeutet Tun. Die Systeme habe ich in meinem Buch „Namen – das ausgesprochene Geheimnis*), das viele von Ihnen kennen werden, beschrieben. Die mit diesem Buch vorgelegte Namenspsychologie basiert auf der Weiterentwicklung dieser Systeme, denn der Name sagt nicht nur, welche Lebensaufgaben wir haben, sondern auch, welche Charaktereigenschaften wir für diese Aufgaben mitbringen. So sind die Systeme beider Bücher manchmal fast gleich, doch sie sind sowohl unabhängig voneinander als auch eine ideale Ergänzung.

Den Weg zueinander finden

Mit diesem Buch lernen Sie das wohl einfachste System kennen, die Psyche des Menschen zu ergründen: einfach durch Studieren seines Namens.

Wenn wir den Namen kennen, können wir beginnen, den Menschen kennenzulernen. Ohne ihn persönlich zu kennen. Ohne sein Geburtsdatum zu wissen. Ohne, daß wir Dritte über ihn befragen müßten. Im Namen erschließen sich uns die Neigungen und Abneigungen eines Menschen, seine Schwächen und Stärken, Lernthemen und andere Ecken und Kanten, seine Privatinteressen, seine beruflichen und finanziellen Möglichkeiten und noch einiges andere mehr. Wir können sogar feststellen, ob wir mit diesem anderen Menschen harmonieren. Wir schauen in seinen Namen – und wir schauen in seine Seele.

Vielleicht sind in diesem Augenblick sogar wir „der andere“.
Schaut jemand in unsere Seele.
Interessiert sich für uns.
Macht sich Gedanken.
Versteht.
Lernt.
Und findet den Weg zu uns.

---

*) Windpferd, Reihe Schangrila, 6. Aufl. 1996

Jeder Mensch ist für jeden anderen ein ganz anderer

Dieses Buch hat immer wieder eine andere Sprache. Denn immer wieder wird auch eine andere Ebene der Psyche angesprochen. So, wie Sie selbst also im einen Moment nachdenklich sind, im nächsten heiter und dann wieder ernst, so ist auch dieses Buch. Ich habe mich auf immer wieder anderen Ebenen der Psyche umgeschaut – und immer wieder anders empfunden. Und so habe ich auch geschrieben.

Doch jeder Mensch ist für jeden anderen Menschen ein ganz anderer. Jeder wird einen anderen auf seine Weise wahrnehmen und beschreiben. Meine Interpretationen sind insofern Angebote.

Ich habe die Verbindungen der Kräfte in Namen studiert und in einem assoziativen Stil formuliert, der nichts mit Belehrung zu tun hat. So bleibt Raum für Ihre eigenen Empfindungen und Interpretationen. Vielleicht aber auch für ein unmittelbares Wieder-Erkennen.

Ich wünsche Ihnen
tiefes Verstehen und tiefes Verstandenwerden.
Ich wünsche Ihnen
Freude durch dieses Buch.

Angelika Hoefler

DIE THEORIE

Über die Unzufälligkeit von Namen

Unsere Namen sind buchstäblich vom Himmel gefallen

Unsere Eltern, Großeltern und Paten haben sich große Mühe gegeben mit unserem Namen: ihn zu hören, meine ich. Ganz zu schweigen von denen, die ihn gerufen haben. Denn Menschen sind nur Mittler der Namen, die aus der Geistigen Welt inspiriert werden und auch nur dort bestimmt werden können, weil sie schließlich unsere Bestimmung enthalten. Belegt ist dies, mehrfach, durch die Bibel:

„Fürchte dich nicht, Zacharias", sprach der Engel Gabriel, „deine Frau Elisabeth wird dir gebären einen Sohn, **den sollst du nennen Johannes**" (Lukas 1, 13).

„Fürchte dich nicht, Maria", sprach wiederum der Engel, **„du wirst** empfangen und einen Sohn gebären und **seinen Namen Jesus nennen**" (Matthäus 1, 21).

In der Lutherübersetzung der Bibel gibt es mehr als 160 Sequenzen zu „Namen". Sie stehen in der Wortkonkordanz.

Nomen est omen.

Buchstabe für Buchstabe.

Buchstaben sagen, aus welchem Holz wir gemacht sind

Die Bezeichnung „Buchstabe" setzt sich zusammen aus Buch und Stab, wobei interessanterweise Buch früher auch einmal für das Wort Buche stand. Über jeden Buchstaben unseres Namens wären Seiten zu schreiben.

Denn:

Jeder Buchstabe ist wie ein Mantram, ein heiliger Laut, und alle Buchstaben unseres Namens zusammen ergeben eine Melodie: unsere Lebensmelodie. Jeder Buchstabe hat seine eigene Kraft und Aufgabe. Die jüdische Kabbala, und dieses Wort bedeutet Überlieferung, lehrt uns, welche Energie in jedem Buchstaben wirkt. Das hebräische Alphabet sagt es uns in 22 Buchstaben. Sie alle haben ihren Platz, ihre Reihenfolge, ihre Zahl, denn sie bauen buchstäblich aufeinander auf. Keine Energie wäre ohne die andere. Sie alle gemeinsam verkörpern den Aufbau der Schöpfung und so auch den Aufbau unseres Seins.

Einführung in die Namenspsychologie

Die 22 Energien, auf die unser Sein aufgebaut ist

1
Wille, Energie
2
Wissen
3
Gemeinschaft, Kommunikation
4
Tat
5
Religio(n), Liebe, Heilsames Bewirken
6
Prüfung, Analyse
7
Überwinden, Gewinnen
8
Kosmische Ordnung
9
Weisheit
10
Freiheit, Veränderung, Reform
11
Spiritualität
12
Dienst am Menschen
13
Loslassen, Neubeginn, Höheres Wissen
14
Disziplin, Pionierarbeit
15
Einfluß, Selbstverwirklichung
16
Einweihungsweg, Lehren, Beraten, Erziehen, Therapieren
17
Soziale Aufgabe
18
Extreme, Einsatz für lebenswichtige Belange
19
Harmonie, Freude
20
Karmische Wiederbegegnung, Frühere Fähigkeiten, Mission
21
Erfolg, Fortschritt
22
Astralwirken, Sensitivität, Nonkonformismus

WERDEN

Unser Sein hat 22 Energie-Bausteine, die aufeinander aufbauen. Unser Sein ist also ein Geworden-Sein. Ist Entwicklung. Ist Weg.
Welche Mächte haben uns den Weg bereitet?

Jedes Werden hat ein Ziel und braucht so eine Orientierung, eine Antriebskraft. Jede der 22 unser Sein aufbauenden Energien folgt, da auch hier ein Werden stattfindet, ebenfalls einem Ziel und braucht so eine Orientierung, eine Antriebskraft.

Unser Werden steht auf 4 Säulen und verläuft in 4 Zyklen:
Die ersten drei Zyklen umfassen je 7 der 22 Energien, der 4. Zyklus besteht aus nur einer, der 22. Energie.
Alle 22 Energien basieren auf den Kräften der ersten vier. Die Zahl 4 ist das Symbol der Materie, der Sichtbar-Werdung des Geistigen, wie auch in der Kabbala das Universum unterteilt ist in 1. die Welt der Emanation, 2. die Welt der Schöpfung, 3. die Welt der Ausgestaltung, 4. die Welt des Sichtbaren.

Die 4 Säulen

1. Wille, Energie (1. Zyklus)
2. Wissen (2. Zyklus)
3. Gemeinschaft, Kommunikation (3. Zyklus)
4. Tat (4. Zyklus)

Die 4 Zyklen

1. Zyklus
1. - 7. Energie
1. Säule:

1
Wille
als schöpferische Energie für:
1. Wille, Energie
2. Wissen, Intellekt
3. Gemeinschaft, Kommunikation

4. Tat, Handeln, Arbeit, Geld, Entscheidung
5. Religio(n), Liebe, Heilsames Be-Wirken
6. Prüfung, Analyse, Forschung, Psychologie, Sexualität
7. Überwinden, Gewinnen

2. Zyklus
8. bis 14. Energie
2. Säule:

2
Wissen
als schöpferische Energie für:
8. Kosmische Ordnung, Recht, Gesundheit
9. Menschenkenntnis, Weisheit
10. Freiheit, Reisen, Veränderung, Reform
11. Kunst, Kultur, Kreativität, Spiritualität
12. Dienst am Menschen, Opfergeist, Hingabe
13. Loslassen, Neubeginn, Höheres Wissen
14. Disziplin, Vorbild, Pionierarbeit

3. Zyklus
15. - 21. Energie
3. Säule:

3
Gemeinschaft, Kommunikation
als schöpferische Energie für:
15. Einfluß, Selbstverwirklichung
16. Einweihungsweg, Lehren, Beraten, Erziehen, Therapieren
17. Freundschaft, Soziale Aufgabe
18. Extreme, Einsatz für lebenswichtige Belange
19. Harmonie, Freude, Humor
20. Karmische Wiederbegegnung, Frühere Fähigkeiten, Mission
21. Erfolg, Fortschritt, Positivität

4. Zyklus
22. Energie
4. Säule:

4
Tat
als schöpferische Energie für:
22. Astralwirken, Sensitivität, Nonkonformismus

SEIN

1

Wille, Energie

Am Anfang steht immer unsere freie Entscheidung, der Wille, der uns Energie verleiht. Energie bedeutet, es richtig machen zu wollen, und so sucht und verbindet sie sich mit

2

Wissen

Aus Wille und Wissen entsteht der Wunsch nach Austausch, entsteht

3

Gemeinschaft, Kommunikation

Wo Kommunikation stattfindet, werden Pläne geschmiedet, und so entsteht

4

Tat

Aus dem gemeinsamen Tun erwächst immer

5

Religio(n), Liebe; Heilsames-Bewirken

Jedes Tun ist gleichsam ein Lernen, und so entsteht

6

Prüfung, Analyse

Aus dem Verstehen kommt die Veränderung, entsteht

7

Überwinden, Gewinnen

Und wo überwunden ist, kann nur Richtiges folgen

8

Kosmische Ordnung

Aus gewordener Ordnung kommen wir schließlich zu

9

Weisheit

Und Weisheit kann nur agieren, wo der Gedanke Raum hat, und so verbindet sie sich mit

10

Freiheit, Veränderung, Reform

(Korrespondenz mit 1/Wille, Energie)

Und indem wir Mut zum Verändern und damit zum Unbekannten haben, merken wir auf einmal, wie gut wir auf unserem ganzen Weg geführt wurden und kommen so zur

11
Spiritualität
(Korrespondenz mit 2/Wissen)
Und mit ihr, die wir vielleicht zuerst als Kunst, Kultur, Kreativität kennenlernen, wollen wir eine Aufgabe erfüllen, und es folgt

12
Dienst am Menschen
(Korrespondenz mit 3/Gemeinschaft, Kommunikation)
Mit der Erfüllung unserer Aufgabe lassen wir unwesentlich Gewordenes hinter uns und sind frei für

13
Loslassen, Neubeginn, Höheres Wissen
(Korrespondenz mit 4/Tat)
Durch vertrauensvolles Loslassen schaffen wir Raum für Höheres Wissen, das unserem Tun Sicherheit und eine starke Energie verleiht, und so entsteht

14
Disziplin, Pionierarbeit
(Korrespondenz mit 5/Religion, Liebe, Heilsames-Bewirken)
Wir leben in einer Zeit, in der Heilsames zu bewirken wäre, so daß wir mit altem Wissen vermeintlich ganz Neues erreichen, und so entsteht

15
Einfluß, Selbstverwirklichung
(Korrespondenz mit 6/Prüfung, Analyse)
Erneut wird unser Tun geprüft und prüfen auch wir uns, und wir reifen für

16
Einweihungsweg; Lehren, Beraten, Erziehen, Therapieren
(Korrespondenz mit 7/Überwinden, Gewinnen)
Indem wir geprüft wurden, gelernt und überwunden, wir Authentizität erlangt haben, liegt vor uns

17
Soziale Aufgabe
(Korrespondenz mit 8/Kosmische Ordnung)
Die Nächstenliebe, mit der wir unsere Aufgabe erfüllen, befähigt uns zu

18
Extreme, Einsatz für lebenswichtige Belange
(Korrespondenz mit 9/Weisheit)
Hier beweisen wir die Hingabe und Kraft und Weisheit, heilige Aufgaben erfüllen zu können, und daraus erwächst

19

Harmonie, Freude

(Korrespondenz mit 10/Freiheit, Veränderung, Reform)
Und weil Harmonie und Freude Energien sind,
die man mit anderen Menschen teilt, entsteht

20

Karmische Wiederbegegnung, Frühere Fähigkeiten, Mission

(Korrespondenz mit 2/Wissen ...)
Weiter gehen wir durch die Zeiten, mit neuen Chancen,
mit altem Wissen, und wir kommen zu

21

Erfolg, Fortschritt

(Korrespondenz mit 3/Gemeinschaft, Kommunikation
und 12 /Dienst am Menschen)
Nun sind wir angelangt an unserem Ziel, und der Reigen schließt sich:
21, 2, 1, und wir erkennen: 1/Wille + 2/Wissen = 3/Gemeinschaft,
Kommunikation = 21/Erfolg. Unser Tun hat uns zu Erfolg geführt.
Tun entspricht der 4, die Quersumme unserer letzten Zahl

22

Astralwirken, Sensitivität, Nonkonformismus

(Korrespondenz mit 4/Tat)
Wer 2 + 2 zusammenzählt, weiß, was zu tun ist im Leben
– und wer uns durch dieses Leben geleitet.

22 ESSAYS

1. ZYKLUS
WILLE

Am Anfang steht immer
unsere freie Entscheidung,
der *Wille,*
der uns *Energie* verleiht.

1
Wille, Energie

„Ich bin das A und O, der Anfang und das Ende." (Offenbarung des Johannes 1,8). Dies sind elementare Worte, und so wir einmal nach jedem von ihnen innehalten und die einzelnen Segmente betrachten, verstehen wir:

Ich. Gott ist Person.
Ich bin. Gott ist Leben.
Ich bin das A, der Anfang.
Gott ist die Ur-Energie, erschaffen aus dem Willen.

Wir sehen daraus, daß alles Leben Energie ist, ein Willensakt, also eine geistige Kraft. Energie ist Geist, und der Geist schafft die Materie.

Jeder Mensch ist ausgestattet mit einem freien Willen, muß dies sogar sein, um sein Leben erschaffen, es gestalten zu können, um Erfahrungen machen, sich weiterentwickeln zu können (weshalb des Menschen Wille ja auch einst sein Himmelreich sein wird, wie das Sprichwort menetekelt).

Obwohl der Wille nun aber eine Schöpfer-Kraft ist, „will" uns manchmal etwas nicht gelingen. Wie ist das möglich?

Nach geistigem Gesetz, also den Gesetzen der Energie, haben wir die Aufgabe dann schon erfüllt, war hierfür allein unsere Willensenergie ausreichend. Dann nimmt das Prinzip Gott sozusagen „den guten Willen für die Tat".

Doch wollen müssen wir schon. Wille ist Leben. Nicht von ungefähr spricht man bei einem Testament ja auch vom „letzten Willen".

Wie ordnen wir nun das Vaterunser-Segment ein: „Dein Wille geschehe"? Wenn wir etwas nicht wollen, wird es uns nicht gelingen, denn der Wille ist ja eine Bildekraft, ist die Schöpfer-Kraft. So wir aber etwas wollen, etwas, das sich gegen die Schöpfer-Kraft, also den Ur-Willen, die Ur-Energie, gegen A, gegen Gott, was sich gegen die Schöpfung richtet, so wird der fürsorgliche Schöpferwille Gott sei Dank der Stärkere sein, denn es heißt ja:

„Ich (!) bin das A und O". Einmal Geschaffenes läßt sich nicht rückgängig machen. Auch wenn wir die Materie zerstören können: Energie ist nicht zerstörbar. Geist ist nicht zerstörbar. Der Gedanke ist Geist, ist eine Bildekraft, ist Energie. So ist im Keim die Frucht schon enthalten; so ist im Anfang das Ende beschlossen.

Das A(leph) ist in der hebräischen Schreibweise ein Dreieck:
Vater/Schöpfer,
Sohn/Schöpfung,
Heiliger Geist/Energie.
Das O(mega) ist ein Kreis, ohne Anfang, ohne Ende.
Und hier haben wir wieder ein Segment:
Ich bin das A u n d das O.
Ich bin alles in einem.
Hier schließt sich der Kreis.

Und wenn wir unseren freien Willen denn manchmal in Seine Hände legen, wenigstens ab und zu versuchen wir das ja, so sollten wir dies bedingungslos tun und nicht mit Vorgaben verknüpfen wie: „Herr, dein Wille geschehe – aber bitte am 22. Juli um 23 Uhr!", sondern auch wirklich geschehen lassen.

Wie oft aber geschieht uns nach unserem Willen – und wir wissen nicht, wie uns geschieht.
Wie unser spezifischer Wille beschaffen ist, was wir durch ihn vermögen, sagt schon der allererste Buchstabe unseres Namens *und* sagt jedes A in unserem Namen.

Energie bedeutet, es richtig machen zu wollen,
und so sucht und verbindet sie sich mit
Wissen.

2
Wissen

Wo Wille und Wissen zusammenkommen, entsteht ein Kräfte-Messen, ein gegenseitiges Prüfen.

Die Bildekraft Wille als Ur-Kraft begegnet einer Kraft, die sternengleich viele Spezifizierungen hat. Jede von ihnen ist richtig; jede von ihnen ist unvollständig.

Wo beginnt überhaupt Wissen? Vor dem Glauben oder danach?

Oder ist beides unabhängig voneinander?

Kann Wissen denn für sich allein existieren?

Der Wille kann dies.

Der Wille muß schon Wissen wollen, um seiner Bildekraft eine „bestimmte" Gestalt zu geben. Sonst erschafft er zunächst lediglich ein Mehr an Energie. War das Wissen demnach vielleicht doch vor dem Willen? Größer gar als er?

Brauchen beide einander?

Wissen ist eine in sich ruhende Kraft. Wissen alleine will nichts. Wissen wird erst belebt durch Willens-Kraft.

Der Wille ist die Schöpfer-Kraft: er modelliert mit Wissen.

Das Wissen wird den Willen prüfen, jene Energie, die es zum Leben erweckte und sich nun seiner bedient.

Wissen alleine hat keine Macht. Wissen alleine kann nichts verändern. Es kann gebraucht werden, es kann mißbraucht werden; es kann auch unerkannt oder unverstanden bleiben.

Das Wissen kann nur wissen.

Der Wille kann glauben – ohne zu wissen.

Aber wenn beide zusammenkommen, sind sie einander wert.

Und sind doch beide miteinander ebenfalls unvollständig.

So aber, wie sie beide aufeinander aufbauen, so läßt sich auf beiden aufbauen.

Aus Wille und Wissen
entsteht der Wunsch nach Austausch,
entsteht *Gemeinschaft, Kommunikation.*

3
Gemeinschaft, Kommunikation

Zwei Kräfte ziehen durch die Welt: der starke Wille und das kluge Wissen. Energien, die einander ergänzen. Die aber alleine miteinander nichts in der Welt vollbringen können. Wenn da niemand ist, der den Willen nutzt, und wenn da niemand ist, der das Wissen benutzt, bleiben beide eine Idee.

Sie brauchen Resonanz. Um lebendig zu werden. Um zu wissen, daß sie lebendig sind. Sie brauchen Kontakt mit anderen Energien. Das heißt, sie müssen sich anderen verständlich machen, ihre Ebene berühren. Kommunizieren. Gemeinschaft herstellen.

Gemeinschaft entsteht durch Gemeinsamkeiten.

Gemeinsamkeiten verbinden unterschiedliche Werte zu einem Ganzen.

Gemeinschaft verlangt nach Gleichheit, braucht den Frieden der Gleichheit. Und den Impuls der Andersartigkeit. Daraus entsteht Kommunikation: der Austausch zwischen Individuen.

Und wieder beginnt ein Kräfte-Messen, ein gegenseitiges Prüfen.

Ein Feststellen, daß man zusammengehört und nur zusammen auch etwas bewirken kann.

Gemeinschaft gibt es nicht ohne eine Kraft, die sie bildet.

Kommunikation ist nicht für sich alleine lebensfähig.

Wissen alleine will nichts.

Der Wille eint sie alle.

Zusammen sind sie alle gleich groß.

Zusammen sind sie alle gleich.

Zusammen sind sie.

Wollte eine der drei Energien mehr sein, größer sein, sie würde sich selbst verhindern. Sie müssen sich einig sein.

Gott Vater, Gott Sohn, Gott Heiliger Geist. Keinen gibt es ohne den anderen. Wille, Wissen und Kommunizieren der Energien durch Gemeinschaft.

Drei-Einigkeit. Wir brauchen alle Drei.

Ohne „Ansehen der Person". Ohne Unterscheidung nach Größe.

Größe ergibt sich immer erst aus dem Ganzen.

Auf diese drei Kräfte baut alles auf: das Ganze.

Unser ganzes Leben.

Wo Kommunikation stattfindet,
werden Pläne geschmiedet,
und so entsteht
Tat.

4
Tat

Handeln heißt:
Etwas wollen. Weil etwas wissen.
Das heißt:
Ideen kommunizieren.
Kommunikation läßt Ideen lebendig werden.
Es wird gesät.
Und niemand weiß vorher, ob die Saat aufgeht.
Säen heißt:
Vertrauen.
Vertrauen in die Saat ist Vertrauen in die Tat.
Die Tat muß der Gemeinschaft gegenüber verantwortet werden.
Entspricht sie dem Willen der Gemeinschaft?
Ist sie klug?
Ist sie richtig kommuniziert worden?
Sind sich alle einig?
Nach wessen Wille geschieht?
Ab wann kann überhaupt etwas geschen?

Wille, Wissen und Kommunikation alleine bewirken noch nichts.
Hier beginnt der Kreuz-Weg des Mensch-Seins:
Der Umgang mit dem freien Willen:
die Entscheidung.
Tun oder Unterlassen.
Jede Entscheidung eine Ursache.
Jede Ursache eine Wirkung.
Jede Wirkung eine Reaktion.
Ein neues Tun.
Durch uns, durch andere.
Tat ist sichtbar werdender Geist, ist Schöpfung.
Ist Verantwortung.
Ist Bindeglied zu allem, was aus ihr entsteht.

Aus dem gemeinsamen Tun
erwächst immer
Religio(n),
Liebe,
Heilsames Be-Wirken

5
Religio(n), Liebe, Heilsames Be-Wirken

Wille, Wissen, Kommunikation, Tat.
Vier Kräfte, die nur durch ihre Verbindung miteinander etwas bewirken können.
Und sie bewirken:
Die Geburt der Lebendigkeit.
Die Menschwerdung des Geistes.
Eines Geistes, der weiß und auch behält, wes Kind er ist.
Religio, die Rückbindung, begleitet diesen Geist durch sein Leben.
Beschützt ihn, wenn er es zuläßt.
Prüft ihn, wenn er es herausfordert.
Beschützt ihn wieder, wenn er es wieder zuläßt.

Verantwortungsbewußtes Tun
zeugt von einer intakten Rückbindung an die Schöpfung.
Schafft eine persönliche Religiösität.
Persönliche Religiösität ist Liebe.
Liebe bewirkt Heilsames.

Ist das wirklich immer so?
So einfach?
Nein.
Religion ist Entscheidung. Entscheidung ist Verantwortung.
Liebe ist Arbeit. Arbeit ist Säen.
Heilsames Bewirken ist Gnade. Gnade ist Religio(n).

Immer wieder neu treten wir ein
in den Schöpfungskreislauf – und über ihn hinaus.

Jedes Tun
ist gleichsam ein Lernen,
und so entsteht
Prüfung, Analyse.

6
Prüfung, Analyse

Jeder Konflikt ist ein Lernen.
Jedes Zweifeln eine Ausbildung.
Jeder Schmerz ein Examen.
Jedes Problem Wachstum.
Alles aber hat seine Zeit:
das Lernen, Geprüftwerden, das Wachsen.
Verstehen wir die Lehren, bestehen wir die Prüfungen.
Und wir werden in nichts geprüft, was wir nicht vorher gelernt hätten.

So haben wir alle Kräfte zur Seite:
Den Willen, etwas zu verändern.
Das Wissen, das uns den Weg weist.
Die Kommunikation, die uns Verbündete finden läßt.
Die entscheidende Tat, die uns frei macht.
Die Religio(n) und die Liebe, die alles vermögen.
Und so können wir eigenes Geprüftwerden wandeln in Prüfen.

Prüfen wir unsere Prüfungen, und wir erkennen unsere Lehrer.
Prüfen wir sie, und wir erkennen die Schule, durch die wir gehen.
Prüfen wir diese, und wir erkennen, wie weit wir in unserer Entwicklung sind.
Erkennen wir unsere Ebene, und wir wissen, wie groß unser Schutz ist.
Jedes Lernen ist ein neuer Schild des Schutzes.
Ist ein Beweis der Liebe an uns.

Jede Prüfung ist eine Chance, Gelerntes anzuwenden.
Gelerntes anwenden heißt, weitere Prüfungen abwenden.

Und so öffnen wir uns eine weitere Tür.

Aus dem Verstehen kommt
die Veränderung,
entsteht
Überwinden, Gewinnen.

7
Überwinden, Gewinnen

Kennen schafft Vertrauen.
Nichtkenntnis birgt Mißtrauen.
Kleine Schwester der Angst.
Angst, die Fehler macht und verliert.
Verlieren kann nur, wer anderen den Vortritt läßt.
Seinen eigenen Wert nicht kennt.
Dem eigenen Wert mißtraut und Fehler macht.
Verlieren kann nur, wer aufgibt.
Wer nicht kämpft.
Wer seine Kräfte kennt, kämpft ohne Fehler.
Und gewinnt.

Unsere Kräfte erkennen wir durch unsere Prüfungen, durch die Liebe, die uns geschenkt wird, durch die Qualität unserer Gemeinschaften, durch unser Wissen, durch die Macht unseres Willens.

Fehlt der Wille, haben wir keine Antriebs-Energie.
Fehlt das Wissen, werden wir unsicher.
Fehlt die Gemeinschaft, wissen wir nicht, wohin wir uns wenden können.
Fehlt das Tun, kommen wir nicht von der Stelle.
Fehlt die Liebe, können wir uns selbst nicht sehen.
Fehlt die Prüfung, machen wir keine Lern-Bewegung.
Alles ist mit allem schöpferisch verbunden:

Die Ur-Energie gebiert eine zweite Energie zur Erschaffung einer dritten. Alle drei erst ermöglichen die vierte Energie, alle vier erst das Bilden der fünften Energie.

Wir alle sind allezeit mit allen 22 Schöpfungs-Energien verbunden. Können Vertrauen haben.

Angst überwinden.
Hürden nehmen.
Gewinnen.

Als wir in dieses Leben kamen, haben wir eine große Angst überwunden, die größte:

Wir haben die Angst vor dem Tod überwunden.

Wir haben den Schritt in die vorläufige Ungewißheit getan.

Es war unser erster Schritt auf die Gewinnerseite.

Und wir haben das Leben gewonnen.

Manchmal will das Leben auch uns gewinnen, – daß wir ihm vertrauen.

Manchmal müssen wir erst über unseren Schatten springen, um ins Licht zu kommen.

Manchmal müssen wir einfach die Augen schließen, um das Richtige zu sehen.

Verstehen verändert.

2. Zyklus
Wissen

Und wo überwunden ist,
kann nur Richtiges folgen:
Kosmische Ordnung.

8
Kosmische Ordnung

Tief in uns tragen wir alle ein untrügliches Gefühl für ethische Werte.
Für das, was richtig ist. Für das, was heilig ist.
Für das, was uns hilft. Für das, was uns heilt.
Dieses Gefühl verbindet uns mit allem, was ist:
Mit dem Kosmos, mit dem Welt-All.
Mit der Kosmischen Ordnung.
Wenn wir es wollen.
Kosmische Ordnung ist Göttliche Ordnung.

Wenn wir es wollen, bleibt unser Gefühl für ethische Werte,
bleibt unser Leben heil.
Wenn wir es nicht wollen, entsteht Chaos.
Doch vom Makrokosmos haben wir gelernt:
Aus Chaos entsteht Ordnung.
Manchmal gehen wir diesen weiten Weg.
Erkennen ihn wieder.
Lernen aufs neu.
Werden erwartet.

Aus gewordener Ordnung
kommen wir
schließlich zu *Weisheit.*

9
Weisheit

Wir haben eine Lebens-Schule besucht.
Sehen gelernt. Erkennen. Verstehen. Verknüpfen.
Wir haben herausgefunden, daß die Tränen der Freude ebenso
salzig schmecken wie die Tränen des Leids.
Wir haben uns für die Mitte entschieden:
das Salz des Lächelns.

Denn wir haben gelernt
von der Statik der Bäume,
dem Wiegen der Äste im Sturm;
dem Wissen um die eigenen Wurzeln.
Das hat uns ehrfürchtig gemacht, aber nicht fügsam.
Das hat uns still gemacht, aber nicht stumm.
Das hat uns offen gemacht, aber nicht unvorsichtig.

Wir sind geblieben in unserer Lebens-Schule.
Um weiterzulernen.

Und Weisheit kann nur agieren,
wo der Gedanke Raum hat,
und so verbindet sie sich mit
Freiheit, Veränderung, Reform.

10
Freiheit, Veränderung, Reform

Früher Morgen.
Langes Wachsein bevor.
Die Decke wird zurückgeschlagen.
Licht flutet in die kleine Kammer.
Ein Meer von Luft erreicht ihn.
Er pfeift seine Melodie.
Wartet auf das Entfalten des neuen Tages.
Es ist Sonntag.
Im Vogelkäfig gibt es Gold.

Muß soviel Nichts stattfinden, bis wir merken, wo wir uns befinden?
Wir können merken, wer wir sind.
Unseren Wert erkennen.
Und ihn den anderen vermitteln.
Wir können aufschreien, nein sagen.
Das Bessere, das wir wissen, auch tun.
Verändern. Reformieren.
Erst innen. Dann außen.
Wir fangen bei uns an.
Wir haben die Kraft der Gedanken. Die Macht des Denkens.
Gedanken fliegen, und niemand sieht, wohin.
Gedanken sind überall, und niemand sieht, was sie tun.
Gedanken reisen augenblicklich durch Vergangenheit,
Gegenwart und Zukunft.
Es gibt nichts, was sie nicht vollbringen,
es gibt nichts, was sie nicht verändern könnten.
Außer, sie wollen nichts
als Sonntag haben.

Aber wir haben unsere Gedanken,
um unser Tun zu proben.
Augenblicklich.

Und indem wir Mut zum Verändern
und damit zum Unbekannten haben,
merken wir auf einmal,
wie gut wir auf unserem ganzen Weg geführt wurden
und kommen so zur *Spiritualität*.

11
Spiritualität

Wie sichtbar ist die Wirklichkeit?
Woher kommt eine Vision?
Wie kommunizieren wir mit der Gleichzeitigkeit?
Lobon wir nicht nur in dieser Welt?

Wirklichkeit nehmen wir wahr, wo sie wirkt.
Wahrnehmen heißt: für wahr nehmen.
Unabhängig davon, was wir sehen.
Was wirklich ist, wirkt in uns.
Als Idee, als Wunsch, als Plan. Als Erfahrung.

Vision ist Erinnerung.
Wir kennen etwas, das werden könnte.
Die Zeitspur des Jetzt verbindet sich mit allen Zeiten gleich.
Und gleich-zeitig.
Wir erschaffen Zukünfte aus unserem Fundus.
Wir erschaffen unsere Wirklichkeiten.
Wirken mit an den Wirklichkeiten anderer.
Und glauben doch nur, was wir sehen?

Mut nennen wir es,
wenn uns in Wirklichkeit jemand bei der Hand nimmt und führt.
Phantasie nennen wir es,
wenn wir in Wirklichkeit unser Können wiedergefunden haben.
Kunst nennen wir es,
wenn uns in Wirklichkeit der Mut zur Phantasie erreicht.
Spiritualität nennen wir es,
wenn unser Geist zwischen seinen Reisen durch die Materie
immer wieder nach Hause zurückkehrt.

Allein die Unwirklichkeit ist nicht wahr-nehmbar.

Und mit ihr, die wir vielleicht zuerst als Kunst, Kultur,
Kreativität kennenlernen, wollen wir eine Aufgabe erfüllen,
und es folgt *Dienst am Menschen.*

12
Dienst am Menschen

Wir sind erwachsen geworden.
Sind herausgewachsen aus unseren Kleidern.
Die uns den ersten Schutz gegeben haben.
Die uns durch die ersten,
durch die kleinen Lebensstürme geführt haben.
Nun brauchen wir größere Kleider.
Einen größeren Schutz.

Wir haben immer alles bekommen, dessen wir bedurften.
Nun sind wir es, die geben können.
Nun sind wir es, die beschützen können.
Die Arbeit beginnt.
Die Aufgabe an unseren Nächsten.
An der Familie Mensch.
An unserer Geschwistrigkeit.

Und immer können wir mehr geben, als wir bekommen haben.
Denn unsere Erfahrungen haben Zins und Zinseszins gebracht.
Geschwistern gehört alles zu gleichen Teilen.
Doch manchmal braucht das eine mehr als das andere.
Hingeben ist Hingabe.

Hingeben kann auch Opfer sein.
Dann, wenn jemand mehr von uns verlangt, als er braucht.
Doch es mag einen Grund dafür geben, den wir nicht sehen.
Erinnern wir uns:
Opfer war immer und wird immer sein:
Dank.

Mit der Erfüllung unserer Aufgabe
lassen wir unwesentlich Gewordenes hinter uns
und sind frei für *Loslassen, Neubeginn, Höheres Wissen.*

13
Loslassen, Neubeginn, Höheres Wissen

Ein Freund unternimmt eine Reise in ein fernes Land. Wir haben schon viel von diesem Land gehört, und so freuen wir uns mit ihm. Andererseits sind wir betrübt, daß wir eine Weile keine Verbindung miteinander haben werden, außer der Gedankenverbindung natürlich. Doch wir lassen ihn gehen. Wünschen ihm alles Gute. Segnen ihn. Und wissen, daß wir ihn in einiger Zeit wiedersehen.

Die kleinen Abschiede sind kleine Tode.

Vor ihnen haben wir keine Furcht. Wir kennen sie. Wir wissen, daß wir in Verbindung miteinander bleiben, daß es ein Wiedersehen gibt. Ein Danach. Ein Weiter. Abschied ist nicht Ende, sondern vorübergehendes Getrenntsein. Wenn wir dies wissen, können wir den anderen gehen lassen.

Andernfalls versuchen wir vergeblich, einen Reisenden aufzuhalten.

Und bleiben zurück in Verzweiflung.

Die kleinen Abschiede sind, unmerklich, eine große Übung für uns.

Wir lernen das Loslassen von Menschen.

Das Loslassen von Dingen lernen wir anders:

Wir verlieren sie.

Und können uns so bewußt darüber werden, wie wichtig sie uns – noch – sind. Wenn wir sie geistig loslassen, schaffen wir gleichsam Raum für etwas Neues.

Was uns nach kosmischem Gesetz gehört, können wir jedoch niemals verlieren. Wir finden es wieder. Es kommt zu uns zurück.

Doch finden wir die Brille auf unserer Nase nicht, wenn wir sie verloren *glauben.* Auch scheinbares Verlieren ist eine Übung für uns.

Loslassen kann umgekehrterweise aber auch dem Verlieren von etwas dienen.

Wenn wir krank sind zum Beispiel, Schmerzen haben, Mangel haben, Not leiden.

Wenn wir also etwas verändern *wollen.*

Man kann aber nur loslassen, was man zuvor angenommen hat. Wir müssen also im Besitz von etwas sein, um es hergeben zu können. Wir müssen Besitz-Macht darüber haben.

Dies ist das Gesetz der Psychosomatik.

Das nicht angenommene, das verdrängte Leid, somatisiert sich, äußert sich; wir erkranken.

Hätten wir es angenommen, so hätten wir es kennenlernen, verstehen lernen können: hätten wir es wandeln und loslassen können.

Hätten wir doch!

Loslassen dient immer unserer Entwicklung.

Manchmal dem Gestalten neuer Lebensräume. Und stellen wir uns dies ruhig plastisch vor: Ein Haus, in dem jedes Zimmer vollmöbliert ist, hat für nichts Neues mehr Platz.

Wir müssen also manchmal etwas hergeben, um Raum zu schaffen für Neues.

Menschen, die *loslassen können*, ohne nach dem Warum zu fragen,
werden nie einen Verlust dabei erleiden.
Menschen, die *loslassen müssen,* ohne den Sinn zu erkennen,
werden etwas Besseres dafür bekommen.
Menschen, die *loslassen wollen,* ohne am Gelingen zu zweifeln,
werden befreit werden.

Loslassen ist das Wissen der Vertrauenden.

Durch vertrauensvolles Loslassen
schaffen wir Raum für Höheres Wissen,
das unserem Tun Sicherheit
und eine starke Energie verleiht,
und so entsteht
Disziplin, Pionierarbeit.

14
Disziplin, Pionierarbeit

Wissen: es geht.
Und niemand hat es uns vorgemacht.
Die Findung von Weg und Wie.
Unser Wille als Machete im Dickicht der Begrenzungen.
Die Kraft hinter den Kräften.
Durch nichts beirrbar.
Auch nicht durch das Nichts.
Denn wer hat den Krug gefüllt, aus dem wir ausschenken,
und der doch nie leer wird?

Disziplin ist unser Traum von Perfektion.
So real wie das Nachtwandeln.
Wir allein wissen: es geht.
Spricht uns jedoch jemand auf Weg und Wie an,
schwindet die Kraft hinter den Kräften.
Wir fallen in Nacht.
Unser Krug ist leer.
Lassen wir nicht alle all unser Können sehen.
Sprechen wir nicht über Perfektion.
Handeln wir unbeirrt.
Es genügt, daß wir wissen: es geht.

Ein Pionier probiert alles aus.
Und läßt alles weg – bis auf das Wesentliche.
Und das ist meistens unsichtbar.

3. Zyklus
Gemeinschaft, Kommunikation

Wir leben in einer Zeit,
in der Heilsames zu bewirken wäre,
so daß wir mit altem Wissen
vermeintlich
ganz Neues erreichen,
und so entsteht
Einfluß, Selbstverwirklichung

15
Einfluß, Selbstverwirklichung

Wenn wir nur einen Tropfen zuviel ins Faß füllen, läuft es über.
Wenn wir einen Luftballon nur ein bißchen zu stark aufblasen, platzt er.
Nur einen Tropfen zuviel.
Nur ein bißchen zu stark.
Nur: zuviel ist zuviel.
Der Krug geht solange zum Brunnen, bis er bricht.
Wenn wir das Gefühl dafür verlieren, wann es genug ist,
haben wir nicht Wachstum, sondern Verlust.

Wann es genug ist? Wie fühlen wir denn das?
Durch Zufriedenheit. Das Lächeln in unserer Seele.
Wenn wir aber auch nur ein bißchen
zuviel Zufriedenheit haben, haben wollen,
kommt wieder Unzufriedenheit.

So ergeht es uns auch mit der Macht.
Mißbrauchen wir unseren Einfluß als Macht
und damit ja die Schwäche der anderen,
so wird diese Macht zu unserer mächtigsten Schwäche.
Und man wird unsere Schwäche mißbrauchen.
Einfluß dient nicht der Selbstverwirklichung.
Einfluß heißt: eine Kraft, die in uns ist,
dort einfließen lassen, wo sie gebraucht wird.
Also außerhalb von uns.
Dortselbst und auf diese Weise können wir uns verwirklichen.

Natürlich: beim Rad ist die Nabe der unumstrittene Mittelpunkt.
Ohne die sie umgebenden Speichen aber wäre es kein Rad.

Erneut wird unser Tun geprüft
und prüfen auch wir uns,
und wir reifen für
Einweihungsweg,
Lehren, Beraten, Erziehen,
Therapieren.

16
Einweihungsweg; Lehren, Beraten, Erziehen, Therapieren

Lehren heißt, gelernt haben, was andere wissen müssen
und wissen, was andere nicht wissen müssen.
Also immer mehr wissen, als vermittelt werden kann oder darf.
Insofern ist vielleicht so mancher ein Lehrer.
Und damit ein Examinierter – ein Geprüfter.
Das können wir nicht immer sehen. Können aber lernen davon.

Jedes Wissen hat einen weiten Weg zurückgelegt.
Den Weg in die Entscheidung für Ja oder Nein.
Den Weg mitten durch das Ungewisse.
Auch den Weg mitten durch Unwissen.
Unwissen aber verursacht Angst.
Angst verursacht Fehler.
Fehler verursachen Mißerfolg.
Mißerfolg verursacht Schmerz.
Schmerz verlangt Heilung.
Heilung verlangt Verstehen.
Der Weg war das Ziel:
Authentizität.
Unterwegs war uns das nicht bewußt.
Immer wieder begegneten wir Situationen, die wir nicht verstanden
oder Menschen, die uns nicht verstanden.
Wir schienen nicht ans Ziel zu kommen.
Und gingen doch immer weiter.
Lernten, daß andere von uns lernen können.
Verlernten die Angst.
Und gesundeten in unserer Seele.
Lehrten andere, es uns gleichzutun.

Indem wir geprüft wurden,
gelernt und überwunden,
wir Authentizität erlangt haben,
liegt vor uns eine
Soziale Aufgabe

17
Soziale Aufgabe

Idealismus ist die Freundschaft der geschliffenen Seelen.
Hineingesehenhaben in die Wirklichkeit.
Wiederaufgestandensein von einer Erfahrung.
Verstandenhaben.
Überwundenhaben.
Aber auch:
Mitten in der Erfahrung anderer sein.
Helfen, die Lava wegzuräumen.
Helfen, den Vulkan zu beruhigen.
Wissen, daß er nichts versprechen kann.
Immer wieder
glauben, hoffen, glauben, hoffen, glauben, hoffen.
Auch wider besseres Wissen.
Die Welt braucht Wunder.
Wir wissen nicht, aus was sie gemacht sind.
Nur, daß es sie so wirklich gibt,
wie die Dinge, die wir nicht wahrhaben wollen.
Unsere Hände bitten.
Und manchmal ergreift sie jemand
und führt uns dorthin, wo Wunder machbar sind.
Wir haben es doch selbst erlebt!

Die Nächstenliebe,
mit der wir unsere Aufgabe erfüllen,
befähigt uns für
Extreme, Einsatz für lebenswichtige Belange

18
Extreme, Einsatz für lebenswichtige Belange

Was geschieht, wenn wir eine Kerze anzünden?
Wir zünden nicht die Kerze selbst an, sondern ihren Docht.
Was brennt, ist allein dieser Docht:
die Mitte der Kerze.
Bis zum Schluß gibt diese Kerze nun Licht.
Immer wieder oder auch ein einziges langes Mal.
Vielleicht ist es manchmal das einzige, das rettende Licht.

Was geschieht, wenn jemand unser Licht braucht?
Nicht weiterkommt?
Im Dunkeln bleibt ohne uns?
Wir lassen uns entzünden in unserer Mitte.
In unserem Herzen.
Wir geben Licht in dunkle Lebensräume.
Und mit Licht geben wir auch Wärme.
Mit der Wärme geben wir auch Heilung.
Geben wir Leben. Überleben.

Wir haben dort zu wirken, wo wir etwas bewirken können.
Wo unser Wirken gesehen wird.
In einen hellen Raum etwas Dunkles zu stellen,
wird den Raum nicht verändern.
In einen dunklen Raum eine Kerze zu stellen,
verändert Welten.

Als unser Lebenslicht angezündet wurde,
haben wir ein Teil Dunkelheit aus der Welt genommen.
Der Docht brennt seither.
Vielleicht leiden wir im Licht,
im Hingeben unserer Kräfte.
Doch die Liebe Gottes ist größer als das Leid.
Unser Licht wird ein ewiges sein.

Bewiesen haben wir
die Hingabe und Kraft und Weisheit,
heilige Aufgaben erfüllen zu können
und daraus erwächst
Harmonie, Freude

19
Harmonie, Freude

Wir alle haben einen Reichtum, der einzigartig ist:
Unsere Phantasie, die ein tanzender Kosmos ist.
Unsere Träume, mit denen wir das Leben modellieren üben.
Unsere Wünsche, die uns wieder Kind sein lassen.
Unsere Talente, die uns groß machen.
Wir haben Zuversicht, Energie, Mut. Unsere Lebenskräfte.
Freude. Unser Spielen mit den Engeln.
Liebe. Unser größtes Geschenk an die Menschen.
Wir alle sind einzigartig.
Was wir geben, haben nur wir zu geben.
Und was ein anderer uns gibt, kann nur er uns so geben.
Und so erfahren wir auf unsere Weise:
Sympathie – wir sind aufgenommen in die Wärme.
Lachen – wir sind verstanden worden.
Vertrauen – wir haben eine Hand gereicht bekommen.
Freundschaft – wir sind als miteinander verwandt erkannt worden.
Liebe – wir sind gemeint, ganz und gar:
Mit unseren Phantasien, Träumen, Wünschen und Talenten.
Mit unserer Zuversicht, unserer Energie, unserem Mut.
Mit unserer Freude.
Mit allem, was wir sind und sein werden.
Welch ein Reichtum!

Harmonie ist das Glück,
die Geschenke des Lebens mit anderen zu teilen.

Und weil Harmonie und Freude
Energien sind, die man mit anderen
Menschen teilt, entstehen daraus:
Karmische Wiederbegegnung,
Frühere Fähigkeiten, Mission

20
Karmische Wiederbegegnung
Frühere Fähigkeiten
Mission

Eine Verabredung ist ein Versprechen.
Warum geben Menschen sich dieses Versprechen?
Weil sie etwas miteinander zu tun haben – oder zu tun haben wollen.
Immer mit dem Ziel: Konsens zu erlangen, Harmonie, Frieden.
Dieses Ziel ist manchmal ein Stück Weg. Ist Arbeit.
Doch das Versprechen gilt.

Wir alle haben Verabredungen für dieses Leben getroffen.
Mit Menschen, die in einem anderen Leben wichtig für uns waren – ob wir dies gewußt haben oder auch nicht.
Mit denen wir nun aber wieder etwas zu tun haben – oder zu tun haben wollen.
Immer ist das Ziel das gleiche. Der Weg ein anderer. Die Art der Arbeit eine andere.
Das Versprechen wird eingehalten.

Wie erkennen nun Menschen einander,
die sich in diesem Leben noch nie begegnet sind?
Durch das karmische Band. Karma bedeutet: Tun.
Sie erkennen einander also dadurch, daß sie im doppelten Sinne des Wortes etwas miteinander zu tun haben. Ein Band miteinander haben.

Eine karmische Wiederbegegnung ist immer eine heilige Begegnung – ob wir dies wissen oder auch nicht.
Diese Begegnung wird deshalb auch erst stattfinden,
wenn beide in der Lage sind, einander zu erkennen.
Wenn beide reif genug füreinander sind.
Für die Aufgabe miteinander oder aneinander.

Dies kann eine alte Aufgabe sein oder eine neue.
Und die Erlangung der Reife kann uns geführt haben
durch Abschiede,
durch Schmerz,
durch Suchen,
durch Älterwerden.
Aber wir finden den anderen wieder.

Genauso, wie wir auch alte Fähigkeiten heute wiederfinden
und einsetzen können, um alte oder neue Aufgaben zu erfüllen.

Genauso, wie wir vielleicht auch eine Aufgabe in diesem Leben finden dürfen, eine Mission,
für die wir ein Versprechen geleistet haben.
Eine Verabredung getroffen haben für dieses Leben.

Das karmische Band, das Band des Tuns,
verbindet uns immer mit Kräften, die uns helfen zu finden.
Ob wir es wissen oder nicht.

Weiter gehen wir durch die Zeiten,
mit neuen Chancen, mit altem Wissen,
und wir kommen zu
Erfolg, Fortschritt

21
Erfolg, Fortschritt

Erinnern wir uns noch?
Blütezeit, und wir waren voller Erwartungen.
Bald würden die ersten Äpfel reifen am Baum.
Wir lernten, was Vorfreude war.
Dann, bald darauf.
Wir konnten die Hand ausstrecken – ernten!
Wir lernten, wie sich Freude anfühlt.
Unser allererster Apfel lehrte uns, was Ernte war.
Wir lernten, was Dank war.
Und zugleich lernten wir, die Freude zu achten:
Da war eine Schale,
da war die Frucht,
da war ein Kern.
Da war etwas, das für alle bestimmt war
und etwas, das sich selbst zu gehören schien.
Wieder zur Erde zurückkehrte
und Saat wurde für eine neue Ernte.
Da war etwas gewachsen,
das gesund und das gut war.
Das wir genießen durften.
Etwas, das durch unser Zutun immer weiter wachsen würde –
und doch immer wieder aufs neu.
Da war nämlich etwas, das andere vor uns gesät haben.
Wir lernten Verantwortung.

Da war ein Plan, der auf fruchtbaren Boden gefallen war.
Da war eine Ernte, die heute uns gehörte
und morgen denen gehören würde, die nach uns kommen würden.
Wie auch wir gelernt haben.

4. Zyklus
Astralwirken, Sensitivität, Nonkonformismus

Nun sind wir angelangt an unserem Ziel,
und der Reigen schließt sich:
21, – 2, 1,
und wir erkennen:
1/Wille + 2/Wissen =
3/Gemeinschaft, Kommunikation = 21/Erfolg.
Unser Tun hat uns zu Erfolg geführt.
Tun entspricht der 4,
die Quersumme unserer letzten Zahl, 22
Astralwirken, Sensitivität, Nonkonformismus

22
Astralwirken
Sensitivität
Nonkonformismus

Wir alle werden an einem Ziel erwartet, unserem Lebensziel. Und so wird uns der Weg geebnet und wird uns auf diesem Weg auch Hilfe zuteil – wenn wir wollen; wir sind ja frei in unserer Entscheidung.

Stellen wir uns vor, wir werden auf dem Gipfel eines Berges erwartet.

Da gibt es also jemand, der alles überblickt. Er sieht die Menschen unten, wie sie ihren Weg suchen. Sieht, wie einige sich in absehbarer Zeit, wenn sie um die Ecke biegen, begegnen werden – für sie selbst eine Überraschung. Sieht andere, die auf ihrem Weg umkehren und einander dadurch nie begegnen – für sie selbst auch eine Überraschung.

Sieht, wie die Menschen aber auch sich selbst nicht finden.

Und könnte ihnen jederzeit zuwinken, ihnen Hinweise geben.

Doch sie blicken nicht herauf.

Sie sehen nur die Ebene, auf der sie sich bewegen. Und so laufen sie im Kreis.

Sie verstehen es nur, auf sich selbst zu hören – und so hören sie nur das Echo, das ihnen immer Recht gibt.

Sie haben ihren Willen – und wissen es nicht.

Haben ihr Wissen – und wollen es nicht.

Denn Wille und Wissen können nur lebendig und damit genutzt werden durch die Kraft eines Dritten: durch Gemeinschaft, Kommunikation.

Alleine vermag der Mensch nichts.

Nur in der Gemeinschaft kann er mit seinem Willen und seinem Wissen etwas tun –
und so Fort-Schritt erlangen, und so Erfolg haben.

Denn dies sind die 4 Säulen unseres Seins:
Wille,
Wissen,
Gemeinschaft,
Tat.

Wer 2 + 2 zusammenzählt,
weiß, was zu tun ist im Leben –
und wer uns durch dieses Leben geleitet.

Schlüssel zum Namen

Welche Namen werden untersucht?

- Vorname und Familienname
  Bei mehreren Vornamen der im Paß eingetragene Rufname
  Akademische Grade (Dr., Prof.) bleiben unberücksichtigt
- Adelsprädikate (von, de, Graf, Gräfin, Freifrau)
- Historische Persönlichkeiten werden mit ihrem vollständigen Geschichtsnamen berücksichtigt (John F. Kennedy)
- Die bei Herrschern üblichen römischen Namensfolge-Ziffern (Ludwig XV.) werden als Buchstabe(n), und zwar in der Schreibweise ihres Landes gewertet (Louis Quinze)
- Künstlernamen, Pseudonyme werden wie die bürgerlichen Namen untersucht; die Ergebnisse gelten allerdings nur dort, wo der Name präsent ist

Zahlen-Schlüssel
1 - 22

Die Tabelle 1 - 22 zeigt die Reihenfolge, in der die 22 Energien aufeinander aufbauen. Links die zugehörigen Zahlen (dann die Energie-Bereiche) und rechts die Buchstaben, die entsprechend dem hebräischen Alphabet damit verbunden sind.

1	Wille, Energie	A/Ä
2	Wissen, Intellekt	B
3	Gemeinschaft, Kommunikation, Konsens	G
4	Tat, Handeln, Arbeit; Geld, Entscheidung	D
5	Liebe, Heilsames Be-Wirken, Religio(n)	E
6	Prüfungen, Analyse, Forschung; Psychologie; Sexualität	U/Ü, V/W
7	Überwinden, Gewinnen	Z
8	Kosmische Ordnung, Recht, Gesundheit	H/CH
9	Menschenkenntnis, Weisheit	T
10	Freiheit, Reisen, Veränderung, Reform	I/J/Y
11	Kunst, Kultur, Kreativität; Spiritualität	K/C
12	Dienst am Menschen, Opfergeist; Hingabe	L
13	Verwandlung, Zäsur, Loslassen, Neubeginn; Höheres Wissen	M
14	Disziplin, Vorbild; Pionierarbeit	N
15	Einfluß, Selbstverwirklichung	X
16	Einweihungsweg; Lehren, Beraten, Erziehen, Therapieren	O/Ö
17	Freundschaft, Soziale Aufgabe	P/PH/F
18	Extreme, Einsatz für lebenswichtige Belange	SCH/SH, TS/TZ
19	Harmonie, Freude, Humor	Q
20	Karmische Wiederbegegnung, Frühere Fähigkeiten, Mission	R
21	Erfolg, Fortschritt, Positivität	S (ß = SS)
22	Astralwirken, Sensitivität, Nonkonformismus	TH

Es ist sicher hilfreich, diese wie auch die folgende Tabelle zu kopieren, auf einen leichten Karton zu kleben und als Arbeitshilfe zu verwenden. Empfehlenswerter aber ist es, die Terminologie zu verinnerlichen und damit auswendig zu wissen.

Buchstaben-Schlüssel
A - Z

In der Tabelle A - Z entspricht die Reihenfolge unserem Alphabet. Links die Buchstaben (dann die Energie-Bereiche) und rechts die Zahlen, die entsprechend dem hebräischen Alphabet damit verbunden sind.

Bitte beachten Sie in dieser Buchstaben-Tabelle vier Besonderheiten:

- Die Umlaute Ä, Ö, Ü gelten als einfache Vokale A, O, U. Bei Schreibweise AE, OE, UE werden dagegen beide Buchstaben berücksichtigt.
- Wenn in einem Namen die Buchstaben CH, PH, SCH, SH, TH, TS, TZ zusammenhängend und nicht Namen-trennend (wie z.B. bei Beethoven: T und H = 2 Buchstaben) erscheinen, werden sie als sogenannter Doppelbuchstabe = 1 Buchstabe (wie z.B. bei Elisabeth) gewertet.
- Das „ß“ wird in „SS“ umgewandelt.
- Es gibt Buchstaben mit gleichen Zahlenwerten: A/Ä, F/P/PH, H/CH, I/J/Y, O/Ö, SCH/SH/TS/TZ, U/Ü/V/W

A/Ä	Wille, Energie	1
B	Wissen, Intellekt	2
C/K	Kunst, Kultur, Kreativität; Spiritualität	11
D	Tat, Handeln, Arbeit; Geld, Entscheidung	4
E	Liebe, Heilsames Be-Wirken, Religio(n)	5
F/P/PH	Freundschaft, Soziale Aufgabe	17
G	Gemeinschaft, Kommunikation, Konsens	3
H/CH	Kosmische Ordnung, Recht, Gesundheit	8
I/J/Y	Freiheit, Reisen, Veränderung, Reform	10
K/C	Kunst, Kultur, Kreativität; Spiritualität	11
L	Dienst am Menschen, Opfergeist; Hingabe	12
M	Verwandlung, Zäsur, Loslassen, Neubeginn; Höheres Wissen	13
N	Disziplin, Vorbild; Pionierarbeit	14
O/Ö	Einweihungsweg; Lehren, Beraten, Erziehen, Therapieren	16
P/PH/F	Freundschaft, Soziale Aufgabe	17
Q	Harmonie, Freude, Humor	19
R	Karmische Wiederbegegnung, Frühere Fähigkeiten, Mission	20
S (ß=SS)	Erfolg, Fortschritt, Positivität	21
SCH/SH	Extreme, Einsatz für lebenswichtige Belange	18
T	Menschenkenntnis, Weisheit	9
TH	Astralwirken, Sensitivität, Nonkonformismus	22
TS/TZ	Extreme, Einsatz für lebenswichtige Belange	18
U/Ü, V/W	Prüfungen, Analyse, Forschung; Psychologie; Sexualität	6
X	Einfluß, Selbstverwirklichung	15
Y/I/J	Freiheit, Reisen, Veränderung, Reform	10
Z	Überwinden, Gewinnen	7

	Kurz-Definitionen Erweiterte Definitionen		**Kurz-Korrespondenzen** Erweiterte Korrespondenzen
1	**Wille, Energie** Kraft, Prinzipien, Konzentration, Durchsetzungsvermögen, Autorität	10	**Freiheit, Reisen, Veränderung, Reform** Wechsel, Aufbruch, Umbruch, Rebellion, Revolution, Flexibilität, Selbstwertentfaltung, Abgrenzung, Dynamik, Offenheit, Liberalität, Unabhängigkeit
2	**Wissen, Intellekt** Studien, Theorie, Bewußtseinsentwicklung	11	**Kunst, Kultur, Kreativität, Spiritualität** Sensibilität, Sensitivität, Intuition, Inspiration, Beeinflußbarkeit
3	**Gemeinschaft, Kommunikation, Konsens** Kontakte, Verständigung, Hilfsbereitschaft, Kollektiv, Team, Kooperation, Integration, Vermittlung, Intervention, Vernunft, Frieden, Soziales Engagement, Extrovertiertheit	12	**Dienst am Menschen, Opfergeist, Hingabe** Pflichterfüllung, Bescheidenheit, Unterordnung, Treue, Verzicht, Verlust
4	**Tat, Handeln, Arbeit, Geld, Entscheidung** Impuls(ivität), Fleiß, Pragmatismus, Expansion, Geltungsdrang, Öffentlichkeit, Bewegung, Voreiligkeit, Untat	13	**Verwandlung, Zäsur, Loslassen, Neubeginn, Höheres Wissen** Transformation, Abschied, Tod, Krise, Geheimnis, Mystik
5	**Liebe, Heilsames Be-Wirken, Religio(n)** Wärme, Freundschaft, Dienen, Helfen, Charakter, Stil, Natur, Tiere, Künstlertum	14	**Disziplin, Vorbild, Pionierarbeit,** Verkrampftheit, Akribie, Kämpfen, Erfindergeist
6	**Prüfungen, Analyse, Forschung, Psychologie, Sexualität** Interesse, Neugier, Entdeckung, Aufklärung, Kritik	15	**Einfluß, Selbstverwirklichung,** Charme, Ausstrahlung, Beeinflussung, Kompetenz, Dominanz, Macht
7	**Überwinden, Gewinnen** Beherrschtheit, Selbstüberwindung, Zähigkeit, Strategie, Souveränität, Verzeihen, Lob	16	**Einweihungsweg, Lehren, Beraten, Erziehen, Therapieren** Belastungen, Probleme, Chaos, Lernprozeß, Weg in die Authentizität

	Kurz-Definitionen Erweiterte Definitionen		**Kurz-Korrespondenzen** Erweiterte Korrespondenzen
8	**Kosmische Ordnung, Recht, Gesundheit** Wahrhaftigkeit, Fairneß, Integrität, Präzision	17	**Freundschaft, Soziale Aufgabe** Glaube, Hoffnung, Idealismus, Mitgefühl, Herzlichkeit, Güte, Gutmütigkeit, Nächstenliebe, Öffentliche Position
9	**Menschenkenntnis, Weisheit** Niveau, Herzensbildung, Takt, Lebensklugheit, Diplomatie, Bidung, Kultur, Philosophie, Psychologie	18	**Extreme, Einsatz für lebenswichtige Belange** Unrichtiges, Unwissenheit, Gefahr, Krankheit, Unglück, Egoismus
10	**Freiheit, Reisen, Veränderung, Reform** Wechsel, Aufbruch, Umbruch, Rebellion, Revolution, Flexibilität, Selbstwertentfaltung, Abgrenzung, Dynamik, Offenheit, Liberalität, Unabhängigkeit	1	**Wille, Energie** Kraft, Prinzipien, Konzentration, Durchsetzungsvermögen, Autorität
11	**Kunst, Kultur, Kreativität, Spiritualität** Sensibilität, Sensitivität, Intuition, Inspiration, Beeinflußbarkeit	2	**Wissen, Intellekt** Studien, Theorie, Bewußtseinsentwicklung
12	**Dienst am Menschen, Opfergeist, Hingabe** Pflichterfüllung, Bescheidenheit, Unterordnung, Treue, Verzicht, Verlust	3	**Gemeinschaft, Kommunikation, Konsens** Kontakte, Verständigung, Hilfsbereitschaft, Kollektiv, Team, Kooperation, Integration, Vermittlung, Intervention,Vernunft, Frieden, Soziales Engagement, Extrovertiertheit
13	**Verwandlung, Zäsur, Loslassen, Neubeginn, Höheres Wissen** Transformation, Abschied, Tod, Krise, Geheimnis, Mystik	4	**Tat, Handeln, Arbeit, Geld, Entscheidung** Impuls(ivität), Fleiß, Pragmatismus, Expansion, Geltungsdrang, Öffentlichkeit, Bewegung, Voreiligkeit, Untat
14	**Disziplin, Vorbild, Pionierarbeit** Verkrampftheit, Akribie, Kämpfen, Erfindergeist	5	**Liebe, Heilsames Be-Wirken, Religio(n)** Wärme, Freundschaft, Dienen, Helfen, Charakter, Stil, Natur, Tiere, Künstlertum

Kurz-Definitionen Erweiterte Definitionen		**Kurz-Korrespondenzen** Erweiterte Korrespondenzen	
15	**Einfluß, Selbstverwirklichung** Charme, Ausstrahlung, Beeinflussung, Kompetenz, Dominanz, Macht	6	**Prüfungen, Analyse, Forschung, Psychologie, Sexualität** Interesse, Neugier, Entdeckung, Aufklärung, Kritik
16	**Einweihungsweg, Lehren, Beraten, Erziehen, Therapieren** Belastungen, Probleme, Chaos, Lernprozeß, Weg zur Authentizität	7	**Überwinden, Gewinnen** Beherrschtheit, Selbstüberwindung, Zähigkeit, Strategie, Souveränität, Verzeihen, Lob
17	**Freundschaft, Soziale Aufgabe** Glaube, Hoffnung, Idealismus, Mitgefühl, Herzlichkeit, Güte, Gutmütigkeit, Nächstenliebe, Öffentliche Position	8	**Kosmische Ordnung, Recht, Gesundheit** Wahrhaftigkeit, Fairneß, Integrität, Präzision
18	**Extreme, Einsatz für lebenswichtige Belange** Unrichtiges, Unwissenheit, Gefahr, Krankheit, Unglück, Egoismus	9	**Menschenkenntnis, Weisheit** Niveau, Herzensbildung, Takt, Lebensklugheit, Diplomatie, Bildung, Kultur,Philosophie, Psychologie
19	**Harmonie, Freude, Humor** Ausgeglichenheit, Zufriedenheit, Glück, Liebenswürdigkeit, Liebenswertes, Schönheit, Konstruktivität, Positivität	10	**Freiheit, Reisen, Veränderung, Reform** Wechsel, Aufbruch, Umbruch, Rebellion, Revolution, Flexibilität, Selbstwertentfaltung, Abgrenzung, Dynamik, Offenheit, Liberalität, Unabhängigkeit
20	**Karmische Wiederbegegnung, Frühere Fähigkeiten, Mission** Gaben und Aufgaben sowie Begegnungen mit Menschen aus früheren Leben, Besondere Erdenmission, Schlüsselerlebnisse, Déjà-vu-Erlebnisse, Geistige Orientierung	2	**Wissen, Intellekt** Studien, Theorie, Bewußtseinsentwicklung

Kurz-Definitionen Erweiterte Definitionen	**Kurz-Korrespondenzen** Erweiterte Korrespondenzen
21 Erfolg, Fortschritt, Positivität Chancen, Karriere, Ansehen, Ehre, Resonanz, Prominenz, Ruhm	**3 Gemeinschaft, Kommunikation, Konsens** Kontakte, Verständigung, Hilfsbereitschaft, Kollektiv, Team, Kooperation, Integration, Vermittlung, Intervention, Vernunft, Frieden, Soziales Engagement, Extrovertiertheit
22 Astralwirken, Sensitivität, Nonkonformismus Visionen, Träume, Illusionen, Außersinnliche Wahrnehmungen, Genialität, Übertreibung	**4 Tat, Handeln, Arbeit, Geld, Entscheidung** Impuls(ivität), Fleiß, Pragmatismus, Expansion, Geltungsdrang, Öffentlichkeit, Bewegung, Voreiligkeit, Untat

Kreide für Kritiker-Stimmen

Derselbe Name – ein anderer Mensch?

Müller, Taylor, Smith, Dupont. Namen, die in den Telefonbüchern der Länder zweistellige Seitenzahlen füllen. Oft noch derselbe Vorname. Was unterscheidet nun diese Menschen voneinander, außer ihrer Telefonnummer?

Das Geburtsdatum, werden die Astrologen sagen.

Das Elternhaus, die Soziologen.

Die Anschrift, sagen schließlich die Beamten.

Und die Chirologen und die Phrenologen und die Irisdiagnostiker und die Zahnärzte, sie alle, alle wissen über Menschen mit demselben Namen ganz unterschiedliche Dinge.

Eines noch nicht:

Menschen mit demselben Namen haben dieselben Anlagen. Punkt.

Etwa so, als wären sie exakt zu derselben Zeit geboren (und da machen die Sterne ja auch lediglich „geneigt, zwingen aber nicht").

Auf welche Art und Weise ein Mensch mit seinen Anlagen umgeht, in welcher Intensität, in welchem Tempo, dies weiß niemand vorher, denn: der Mensch ist frei in seiner Entscheidung.

Aber: die Art und Weise, wie jemand Entscheidungen trifft, läßt sich untersuchen:

Durch seine Erziehung. Durch den Beruf.

Die Anlagen von Elisabeth Müller aus A. und Elisabeth Müller aus B. sind zunächst gleich, werden jedoch entsprechend dem Milieu, in dem jede aufgewachsen ist, unterschiedlich genutzt. Hieraus entstehen andere Lebenspläne, andere Berufswünsche, andere Partnerschaften, und hieraus wiederum entstehen andere Situationen, gibt es andere Erfahrungen, eine andere Entwicklung. Die eine kann z. B. Gärtnerin werden, während die andere Tiere pflegt oder Menschen betreut. Die Anlagen, und lediglich darum geht es hier, sind „gleich"; sie weisen einen gemeinsamen Nenner auf.

Anders nun bei Menschen, die zwar denselben Vornamen, aber einen anderen Familiennamen tragen. Was an Anlagen im Vornamen vorhanden ist, werden sie – genauso wie bei absoluter Namensidentität – umsetzen oder es auch lassen. Denn dadurch, daß im Familiennamen andere Energien hinzukommen, läßt sich leichter erkennen, welche Anlagen dominieren, wohin ein Mensch tendiert. Und natürlich: wie die unterschiedlichen Energien in Bezug zueinander stehen: welches „Energielabor" dabei vielleicht auch in die Luft gehen kann.

Von der Ungleichheit zwischen Meier sen. und Meier jun.

Vater hat sich einen Sohn gewünscht, jawoll! Soll mal das Geschäft übernehmen, der Junge. Den Namen des Vaters tragen, in Ehren halten. Ein tüchtiger Junior werden, wie er selbst einst und sein Vater und wieder dessen Vater.

Gesagt, gezeugt.

Gewartet.

Meier jun. wächst heran und hat ganz andere Pläne, als das Geschäft des Vaters zu übernehmen. Heißt aber genau wie sein Vater. Was ist hier schiefgegangen?

Eltern verwirklichen sich gerne vornehmlich durch ihre Kinder. Wenn die Kinder nun aber denselben Namen tragen, geschieht, verkürzt dargestellt, folgendes:

Menschen mit demselben Namen haben dieselben Anlagen. Punkt.

Auf welche Art und Weise ein Mensch mit seinen Anlagen umgeht, in welcher Intensität, in welchem Tempo, dies weiß niemand vorher, denn: der Mensch ist frei in seiner Entscheidung.

Aber: die Art und Weise, wie jemand seine Entscheidungen trifft, läßt sich untersuchen. Durch seine Erziehung, durch den Beruf. Und ich weiß, daß Sie das eben schon einmal gelesen haben.

Die Erziehung also. Kinder lernen zuerst einmal durch den Nachahmungstrieb. Und je nach innerer Verbindung zu den Erwachsenen bleibt diese Gabe ein Leben lang erhalten, und die Entfaltung von Selbständigkeit integriert sich mühelos. Oder aber, Hoffnung hier, Schrecken dort, das Kind will ab einem bestimmten Alter selbst entscheiden (wie Großvater).

Dann kommt es zu progressiven Entscheidungen und zum Familienkrach.

Betrachten wir einmal die Namen: durch den Zusatz von „senior“ und „junior“ sind auch andere Energien hinzugekommen. Je nach „Mischung“ der Energien durch den vorangestellten Namen mag der Junior auf den Senior kommen – oder namentlich andere Pläne haben.

Warum Hans etwas lernt, das Hänschen nicht lernte

Betty, Tina, Hänschen. Wie sie alle heißen.

Wie sie eben alle nicht heißen!

Und ich ahne den Widerspruch: „Elisabeth hieß von Kind an Betty. Basta!“.

Nur: Betty ist ein ganz anderer Mensch.

Allein der volle Name enthält auch das volle Potential des Menschen.

Der Name ist, wie Sprache überhaupt, Schwingung. Der Name, den wir aussprechen, tritt in Beziehung mit der Umwelt, wird durch Aussprechen also „gesendet“ und wird gehört, also „empfangen“. Wirkt. Steuert damit Reaktionen. Und je nachdem, ob ein Name korrekt oder verzerrt gesendet wird, also unverändert oder verändert, wird er bzw. der Namensträger auch „empfangen“.

Wenn wir unseren Namen verändern oder verändern lassen, stimmen wir einer Veränderung unserer Erfahrungswelt zu, verfremden wir die wahren Qualitäten. Denn jeder Buchstabe ist eine andere Energie, und alle diese Energien stehen in Kontakt miteinander, wirken miteinander und aufeinander. Wenn wir den Namen eines anderen verändern, so wollen wir diesen Menschen verändern, und wir haben ab da mit den „fehlenden“ Energien auch keinen Kontakt mehr.

Wer also von Kind an getreu den Buchstaben seines Namens genannt und „vollständig“ erzogen wird, kann, weil früh gelernt, auch sein ganzes Potential entfalten.

Und wir wissen doch: Was Hänschen nicht lernt, lernt Hans nimmermehr.

Ach, wie gut, daß niemand weiß! – Pseudonyme

Weil jeder Buchstabe eine spezifische Energie hat, ist ein Name buchstäblich ein Energiespeicher, aus dem wir unsere – spezifischen – Kräfte beziehen, Charakteranlagen, Talente, Chancen, Lernmöglichkeiten.

Namensänderung ist somit auch Lebensänderung; wir modifizieren unseren Energiespeicher und gehen auf der Basis des zuerst geführten, „gelernten“, Namens in eine neue Lebensgeschichte hinein.

Was geschieht nun aber, wenn wir einen zweiten Namen hinzunehmen, ein Pseudonym benutzen, einen Künstlernamen? Wer sind wir dann wirklich?

Je häufiger ein Name genannt wird, desto mehr Energie fließt ihm zu, denn das Aussprechen eines Namens ist das Aussenden der in ihm existenten Energie. Wir verändern nicht Menschen hierdurch, wir verändern aber Potentiale. So entwickelt der öffentliche Name, der Künstlername, eine hohe Dynamik. Der bürgerliche Name indes verstärkt das Geheimnis unserer Bestimmung, wir werden diese Energie unbemerkter, geschützter leben – und nur diejenigen, die uns mit dem bürgerlichen Namen kennen, wissen wirklich um uns.

Der Schriftsteller George Eliot war gar keiner. Hinter dem Pseudonym verbarg sich eine Frau mit Namen Mary Ann Evans. Heinrich George hieß schlicht Georg Heinrich Schulz. Aus Therese Gift wurde Therese Giese. Aus Ingrid Unverhau wurde Ingrid Andrée. Johannes Gutenberg hieß eigentlich Johannes Gensfleisch zur Laden. Paracelsus trug den bombastischen Namen Theophrastus Bombastus von Hohenheim. Agatha Miller kennen wir als Agatha Christie. Patricia Plangman schrieb Kindergeschichten, wurde weltberühmt aber als die Kriminalschriftstellerin Patricia Highsmith. Audrey Hepburn war Edda van Heemstra Hepburn-Ruston. Mehrere Pseudonyme benutzte Greta Lovisa Gustafsson, eines kennen wir alle: Greta Garbo. Und bei den beiden englischen Lyrikerinnen Katharine Harris-Bradley und Emma Cooper handelt es sich um eine einzige Person, und die hieß: Michael Field!

Ich werde am Schluß des Buches eine Vielzahl von Pseudonymen offenlegen, damit Sie psychologische Detektivarbeit leisten können. Sie werden sehen, wen Sie wirklich kennen oder gekannt und weshalb Sie einiges an diesen Menschen vielleicht nie verstanden haben. Bisher.

Wer bin ich?
Wer war ich?
Folgen einer Namensänderung

Jeder Name ist eine lebendige Erfahrung für uns. Vor allem, wenn es unser eigener Name ist. Der uns sozusagen in die Wiege gelegte Name nennt unsere „Start-Energie", das, was wir lernen und leisten können – und viele können sicher ein Wiegen-Lied davon singen.

In diesem Buch werden Sie sehen, wie die Energien in einem Namen sich verbinden oder auch abstoßen, – und frau kann vielleicht besser verstehen, warum sie z. B. „unter" ihrem Ehe- und Doppelnamen gekämpft hat, um dann doch zur eigenen Quelle, zum Geburtsnamen, zurückzukehren. Oder aber auch, welche Kräfte durch den anderen Namen hinzugewonnen wurden. Oder welche Eigenkräfte nun erst freigesetzt wurden. Alles ist möglich im Energielabor.

Jedes Leben ist ein Experimentieren mit Kräften. Jede Partnerschaft ist eine Einladung in unser Labor. Und wir müssen achtgeben, daß die richtigen Kräfte sich hier verbinden. Sonst mag es geschehen, daß etwas explodiert, d.h. Namen, wenn schon nicht Schall, dann aber irgendwann zumindest Rauch sind.

Und wir können leicht herausfinden, welche Menschen, welche Namen gut für uns sind. Denn, genau betrachtet:

Jeder Name ist ein aufgeschlagenes Buch

Schon der erste und letzte Buchstabe des gesamten Namens prägen unser Verhalten. Mittelbuchstaben zeigen eine wichtige Charaktereigenschaft an. Die Anzahl der Buchstaben weist auf das Lebensthema hin. Die Reihenfolge der Buchstaben schafft eine spezifische Verbindung der darin enthaltenen Energien untereinander. Der ganze Name ist Information, ist Potential, ist Leben. Und da ist eine Namensänderung nicht nur spannend. Nicht selten ist sie fatal. Wie viele Ehen würden noch bestehen, wenn man/frau nicht auf Namensänderung bestanden hätte! Aber natürlich auch umgekehrt.

Die Namens-Energien, und ich erlebe es ja immer wieder in meiner Praxis, können einen Menschen total verändern. Während er ganz einfach mit einem anderen Namen

- privat, beruflich, geschäftlich glücklich sein,
- das eigene Erfolgspotential entfalten,
- Freiraum für die eigene Entwicklung finden,
- und sein ganzes Leben sinn-reich führen könnte

Drum prüfe, wer sich ewig bindet, ob sich Nam' zu Namen findet.

„Die Möwen sehen alle aus, als ob sie Emma hießen“? – Das Vornamen-Phänomen

Irgendwann waren auch in Ihrer Schulklasse einmal zwei Kinder mit demselben Vornamen. Wenn die Lehrerin eins aufrief, meldeten sich beide – oder keins; es kam immer auf den Schwierigkeitsgrad der Frage an.

Zur Unterscheidung wurde dann bald der Familienname mitgenannt.

War das so?

Gut.

Dann haben Sie früh gelernt, daß, wenn zwei das gleiche tun, dies noch lange nicht dasselbe ist. Mögen sie auch denselben Vornamen haben.

Da nun aber Elisabeth 1 und Elisabeth 2 beide auf dem 1. Buchstaben-Platz, wo der Wille „zuhause“ ist, das E haben, das für Liebe steht, haben beide auch Liebe als Leit-Energie. Und die Übereinstimmung der Anlagen geht ja sogar weiter bis zum 8. Buchstaben-Platz, bis zum Doppelbuchstaben TH.

Eine Elisabeth wie die andere? Wie alle Elisabeth?

Ja, und achtmal ja.

Erst ab dem 9. Buchstaben-Platz, dem 9. Energie-Haus, treten andere Eigenschaften auf den Plan, und sie alle interagieren mit den ersten 8 Buchstaben-Energien auf ihre spezifische Weise.

Beispiel:
Elisabeth Flickenschildt (Schauspielerin)
Elisabeth Kübler-Ross (Ärztin, Sterbeforscherin)
Elisabeth Noelle-Neumann-Maier-Leibnitz
(Demoskopin; sie nahm bei jeder neuen Verehelichung einen weiteren Namen hinzu).

Auf dem 9. Buchstaben-Platz, der für Menschenkenntnis/Weisheit steht, sehen wir
bei Flickenschildt ein F/Freundschaft, Soziale Aufgabe;
bei Kübler-Ross ein K/Kunst, Kultur, Kreativität, Spiritualität;
bei Noelle-Neumann-Maier-Leibnitz ein N/Disziplin, Vorbild, Pionierarbeit.

Schauen wir einmal weiter:
Bei Flickenschildt verbinden sich im ersten und letzten Buchstaben die Energien E/ Liebe + T/ Weisheit.

Bei Kübler-Ross verbinden sich E/Liebe und S/Erfolg, Fortschritt, Positivität

Bei der Demoskopin verbinden sich E/Liebe und TZ/Extreme, Einsatz für lebenswichtige Belange.

Sie dürfen dies jetzt ganz alleine interpretieren.

Und dann denken Sie einmal über das Lebensthema der Damen nach:

20 Buchstaben Flickenschildt = Frühere Fähigkeiten, Mission

18 Buchstaben Kübler-Ross = Extreme, Einsatz für lebenswichtige Belange

33 Buchstaben Noelle-Neumann-Maier-Leibnitz = Analytikerin, Forscherin, Psychologin

Vielen Dank aber Christian Morgenstern für die liebenswürdige Provokation.

Seit Adam und Eva ist nichts mehr wie früher

Bis etwa zum 11./12. Jh. hatten die Menschen häufig nur einen einzigen Ruf-Namen. Dieser konnte aus einem Namen oder aus einem Doppelnamen bestehen (Maria, Maria-Magdalena).

Eines Tages, als die Unterscheidung dann doch schwierig wurde, erhielt man/frau einen Beinamen (Hildegard von Bingen, Karl der Kahle, Pit der Ältere, Lucas Cranach der Jüngere). Später folgte dann der vererbte Familienname, der so genannte Nach-Name, und der Ruf-Name wurde Vor-Name.

Nun: Wie hätten die Menschen damals Menschen allein an ihrem Namen psychologisieren können?

Wie können wir heute wissen, wie sie waren?

Ich weiß es nicht. Nicht genau. Nicht genau genug.

Aber ich habe eine These:

Wenn wir Menschen desselben Namens unterscheiden nach ihrem Milieu, also ihrer Erziehung und nach ihrem Beruf, wäre es dann nicht auch möglich, den „Erziehungsfaktor Eltern" hinzuzunehmen?

Wenn wir, behutsam, untersuchen, welche psychologischen Kräfte „namentlich" einmal von der Mutter und dann vom Vater auf das Kind einwirken, sollte es gelingen, nicht nur den Einfluß der beiden Elternteile auf uns herauszufinden, sondern auch, zu erkennen, warum wir uns bestimmte Partnerinnen und Partner suchen, und welchen Einfluß diese – oder auch Menschen anderer Nähe-Grade – auf uns haben.

Wir können dann allmählich die Muster erkennen, die uns werden ließen.

Und die Muster, mit denen wir uns verändern können.

DIE PRAXIS

Was wird in einem Namen untersucht?

Teil I
Energien-Potential

- In welchem Haus steht ein Buchstabe: Hausmacht der Energie
- Auf welchem Platz steht ein Buchstabe: Verwirklichung
- Buchstabenanzahl: Lebensthema
- Häufigkeit der einzelnen Buchstaben: Lebens-Tendenzen
- Fehlen von Buchstaben: Stellvertretendes Energien-Potential

Interpretationen 1 - 22

Einleitung
1. Die Energie-Häuser: Möglichkeiten
2. Die Energie-Tendenzen: Wirkungsbereich
3. Die Energie-Plätze: Verwirklichungsart

22 x 22 Interpretationen

In welchem Haus steht ein Buchstabe: Hausmacht der Energie

In der Tabelle „A - Z“, S. 56, haben Sie gelernt, welche Buchstaben mit welcher Zahl in Verbindung sind.

Die **Zahlen nennen die Häuser,** in denen die jeweilige Buchstaben-Energie „zuhause“ ist. (Vergleichbar der astrologischen Terminologie.)

Noch einmal zur Erinnerung:

A/Ä ist demnach zuhause in Haus 1.

E ist zuhause in Haus 5.

P/ PH in Haus 17.

Und so weiter.

In den 22 Häusern ist nun alles das möglich, was ihrer Haus-Energie entspricht. In Haus 1 werden Wille und Energie dominieren, in Haus 5 Liebe, Heilsames Be-Wirken, Religio(n), in Haus 17 Freundschaft, Soziale Aufgabe. Durch unseren ganzen Namen hindurch begegnen wir nun einer neuen Hausmacht, die wir uns zunutze machen können.

Vielleicht werden Sie feststellen, daß ein Buchstabe einmal just dort steht, wo sein Zuhause ist. Dann ist die betreffende Energie dort sogar souverän; nichts und niemand kann sie dort stören.

Auf welchem Platz steht ein Buchstabe: Verwirklichung

Nicht immer können nun die Buchstaben eines Namens in ihrem Zuhause stehen. Ein Name mit z. B. 7 Buchstaben würde dann ja gemäß der Reihenfolge der Energie-Häuser auf „ABGDEUZ“ lauten.

Die **Buchstaben nennen** mit ihrer Reihenfolge also die **Plätze,** die sie innerhalb der 22 Hausmächte einnehmen. Und dies macht die Charakter-Anlagen deutlich: je nach Platz, der einer Energie zukommt, wird der Mensch noch zu lernen haben oder auch schon zu arbeiten – oder sich auch ganz und gar verwirklichen können.

Beispiel:

Der 1. Buchstabe entspricht der Energie-Zahl 1 und damit der Energie Wille/Energie.

Im 1. Haus ist diese Energie also „zuhause“.

Der 2. Buchstabe entspricht der Energie-Zahl 2 und damit der Energie Wissen/Intellekt.

Im 2. Haus ist diese Energie also „zuhause“.
Und so weiter bis zum 22. Energie-Haus.

Jemand mit 15 Buchstaben im Namen hat also
• sein Lebensthema im 15. Haus
• seine „15. Charakter-Anlage“, die 15/Einfluß, Selbstverwirklichung angibt, z. B. in der Buchstaben-Energie R = 20/R = Karmische Wiederbegegnung, Frühere Fähigkeiten, Mission. (Arthur Schopenhauer, Anne Sophie Mutter, Bertha von Suttner, William Faulkner, Liselotte Pulver, Angelika Hoefler).

Namensaufbau ist Charakteraufbau

Die Buchstabenreihenfolge ist wichtig. Auch, wenn die offizielle Schreib- oder Nennweise wie in manchen Ländern eine andere ist (in Österreich und in der Schweiz z. B. wird der Familienname dem Rufnamen vorangestellt):

Zuerst kommt der Rufname, dann der Familienname:

Es ist ein sehr großer Unterschied, ob Sie den Namen 'Hoefler Angelika' untersuchen oder 'Angelika Hoefler'.
Stellen Sie sich vor:
auf dem 3. Platz (= Gemeinschaft) 5/Liebe, Heilsames Be-Wirken,
auf dem 4. Platz (= Tat) 17/Freundschaft, Soziale Aufgabe,
auf dem 5. Platz (= Liebe) 12/Dienst am Menschen, Opfergeist, Hingabe,
auf dem 6. Platz (= Prüfungen, Analyse, Forschung, Psychologie; Sexualität) wieder eine 5/Liebe, Heilsames Bewirken!
Ich würde mit Halleluja und kräftigem Flügelschlag von der Wolke in die Welt hinab rauschen, um hehre Aufgaben zu erfüllen – oder aber einem immerfreundlichen Menschen im weißen Kittel verzweifelt erklären wollen, daß ich mich ebenso fühle.

Natürlich: nach der Reihenfolge-Regelung haben alle Menschen mit demselben Vornamen zunächst einmal identische Charakter-Anlagen. Und ich kenne wahrhaftig Frauen meines Vornamens, die mir in nichts gleichen. Ihnen wird es mit einigen Namens-Cousinen/ Cousins kaum anders ergehen.
Nun ist es aber so, daß die (erstgenannten) Energien aus dem Rufnamen sich verbinden mit den Energien aus dem Familiennamen. Dadurch bauen sich andere Charaktere auf. Buchstabe für Buchstabe.
Und später im Buch werden Sie lernen, die Buchstabenreihenfolge noch auf ganz andere Weise für Ihre Interpretationen zu nutzen.

Anzahl der Buchstaben im Namen: Ihr Lebensthema

Die Anzahl der Buchstaben in einem Namen, d.h. der Platz, auf dem der letzte Buchstabe steht, nennt das Lebensthema, wobei der erstgeführte Name (Geburtsname, Mädchenname) das Grundthema angibt und jeder danach geführte Name ein Ergänzungsthema. (Bei Auswerten der Buchstabenanzahl bitte ggf. Doppelbuchstaben lt. Tabelle A - Z, S. 56 berücksichtigen).

Beispiel:
Eine Frau mit 10 Buchstaben im Namen hat das Lebensthema:
„Selbstwert. Abgrenzung. Unabhängigkeit. Reform."
Gut, wenn sie daran gearbeitet hat, bevor sie ihren Namen ändert. Hat sie im nächsten Namen z. B. 12 Buchstaben, lautet ihr Lebensthema:
„Aufopferung".
Sie wird Probleme haben, sich zu verwirklichen.
Hat sie im nächsten Namen z. B. aber 21 Buchstaben, lautet ihr Lebensthema: „Erfolg. Entwicklung".
Darauf läßt sich natürlich gut aufbauen.

Es kommt vor, daß Menschen ein wenig umständlich darin sind, „ihr" Lebensthema in Griff zu kriegen. Es empfiehlt sich dann, das Grund- oder Ergänzungsthema in der korrespondierenden Energie zu leben (in der folgenden Tabelle in Klammern angegeben).

Beispiel:
Jene Frau mit 10 Buchstaben im Namen, die das Lebensthema
„Selbstwert. Abgrenzung. Unabhängigkeit. Reform" hatte und im nächsten Namen mit 12 Buchstaben und damit konfrontiert war mit dem Lebensthema
„Aufopferung",
könnte sich über das Lebensthema
„Gemeinschaft, Kommunikation"
Verbündete holen
und so ihren Selbstwert kennen- und bewahren lernen.

Buchstabenanzahl = Lebensthema

(Doppelbuchstaben entsprechend Tabelle A - Z beachten)

Wir kennen natürlich alte Götternamen mit 2 Buchstaben oder 3 oder 4 Buchstaben. In heutiger Zeit und unserem Kulturkreis gibt es jedoch nicht mehr z. B. den Sonnengott Ra und auch sonst kaum Namen mit weniger als 4 oder 5 Buchstaben. Ich beginne mit der Interpretation deshalb bei Buchstabe, bei „Lebensthema 4".

(Die in Klammern angegebenen Zahlen nennen die korrespondierenden Lebensthemen).

Tabelle 1

Zahl	Interpretation	Korrespondierendes Lebensthema
1	*Reine Energie.*	(10, 19)
2	*Wissen.*	(20, 11)
3	*Gemeinschaft. Kommunikation.*	(12, 21)
4	Entschlossenheit. Entscheiden. Handeln. Geld.	(13, 22)
5	Liebe. Heilen. Religion.	(14)
6	Konflikt. Prüfung. Forschen. Psychologie. Sexualität.	(15)
7	Überwinden. Gewinnen.	(16)
8	Wahrhaftigkeit. Recht. Gesundheit.	(17)
9	Philosophie. Güte. Weisheit.	(18)
10	Selbstwert. Abgrenzung. Unabhängigkeit. Reform.	(19, 1)
11	Kunst. Kultur. Intuition. Kreativität. Spiritualität.	(2, 20)
12	Aufopferung.	(3, 21)
13	Loslassen. Selbst-Vertrauen. Gott-Vertrauen.	(4)
14	Disziplin. Vorbild. Erfindungsreichtum.	(5)
15	Einfluß. Be-Wirken.	(6)
16	Problembewältigung. Lehren, Beraten, Erziehen. und/oder Therapieren.	(7)
17	Freundschaft, Soziale Aufgabe.	(8)
18	Extreme.	(9)
19	Harmonie. Ausgeglichenheit.	(10, 1)
20	Mission.	(2, 11)
21	Erfolg. Entwicklung.	(3, 12)
22	Nonkonformismus. Genialität oder Übertreibung derselben.	(4, 13)

Lebensthema erkennen, wenn der Name mehr als 22 Buchstaben hat

Bei Namen mit mehr als 22 Buchstaben gilt die Quersumme des letzten Buchstaben-Platzes.

Beispiel:
Giacomo Girolamo Casanova. 23 Buchstaben.
Lebensthema (2 + 3) = 5/Liebe. Heilen. Religion.
Annette von Droste-Hülshoff. 24 Buchstaben.
Lebensthema (2 + 4) = 6/Konflikt. Prüfung. Forschen. Psychologie. Sexualität

23. bis 29. Buchstabe bekommen die Plätze 5 bis 11. Danach folgen 10er-Reihen bis zu Platz 99. Buchstabe 100 würde wiederum auf Platz 1 sein. Buchstabe 101 stünde demnach auf Platz 2 usw.

Tabelle 2

1	2	3	4	5	6	7	8	9	10	11	12	13	14	15	16	17	18	19	20	21	22
				23	24	25	26	27	28	29											
		30	31	32	33	34	35	36	37	38	39										
			40	41	42	43	44	45	46	47	48	49									
				50	51	52	53	54	55	56	57	58	59								
					60	61	62	63	64	65	66	67	68	69							
						70	71	72	73	74	75	76	77	78	79						
							80	81	82	83	84	85	86	87	88	89					
								90	91	92	93	94	95	96	97	98	99				

Zum Studieren

Buchstaben-
Anzahl:
(Nach Vornamen)

3 Eva

4 Adam
Ovid

5 Homer

6 Epikur
Krösus
Platon
Seneca
Tizian (Ps)

7 El Greco (Ps)
Karl May
Klabund (Ps)
Max Bruch
Plutarch
Yoko Ono

8 Carl Orff
Hans Küng
Joan Baez
Karl Marx
Sokrates
Xanthippe

9 Asklepios
Pythagoras
Anne Frank
Emil Nolde (Ps)
Golda Meir (Ps)
Nelly Sachs
Robert Koch
Thomas Mann

10 Evita Peron
Franz Liszt
Greta Garbo(Ps)
Jeanne d' Arc
John Lennon
Paracelsus (Ps)
Victor Hugo
Walter Scheel

11 Albert Camus
Anna Magnani
Aristoteles
Bill Clinton
Clara Schumann
Edvard Grieg
Franz Schubert
Heinrich Böll
Helmut Schmidt
Henrik Ibsen
Hipppokrates
Isaac Newton
Jimi Hendrix
Käthe Kollwitz
Martin Luther
Mildred Scheel
Robert Musil (Ps)
Stefan Zweig
Willy Brandt

12 Albrecht Dürer
Alice Schwarzer
Heinz Rühmann
Indira Gandhi
John F. Kennedy
Louis Pasteur

*) Die Angabe (Ps) hinter dem Namen steht für Pseudonym.

Maria Theresia
Maurice Ravel
Richard Wagner
Robert Schumann
Sigmund Freud

13 Antonin Dvorak
Anton Bruckner
Albert Schweitzer
Audrey Hepburn (Ps)
Frederic Chopin
Karlheinz Böhm
Mahatma Gandhi
Marilyn Monroe (Ps)
Rene Descartes
Rosa Luxemburg
Rudolf Steiner
Selma Lagerlöf
Stephen Hawking

14 Alois Alzheimer
Albert Einstein
Carl Gustav Jung
Dante Alighieri
Erich von Däniken
Galileo Galilei
Jean Paul Sartre
Johannes Brahms
Margaret Thatcher
Tomaso Albinoni
Hanns Dieter Hüsch

15 Angelika Hoefler
Anne Sophie Mutter
Arthur Schopenhauer
Eugen Drewermann
Gustav Heinemann
Ingeborg Bachmann
Marie Antoinette
Martin Luther King
Barbra Streisand

16 August Strindberg
Charlotte von Stein
Gertrud von Le Fort
Laertios Diogenes
Leonard Bernstein
Rainer Maria Rilke
Simone de Beauvoir

17 Gaius Julius Caesar
Manfred Köhnlechner
Napoleon Bonaparte
Uta Ranke-Heinemann
William Shakespeare

18 Elisabeth Kübler-Ross
Hildegard von Bingen
Ludwig van Beethoven
Nikolaus Kopernikus

19 Christian Morgenstern
Erasmus von Rotterdam
Georg Friedrich Händel
Marcus Tullius Cicero
Richard von Weizsäcker
Florence Nightingale

20 Agrippa von Nettesheim
Hans Christian Andersen
Wilhelm Conrad Röntgen

21 Antoine de Saint-Exupery
Johann Gottfried Herder
Margarethe Schreinemakers
Maximilien Robespierre
Wolfgang Amadeus Mozart

22 Henri de Toulouse-Lautrec
Johann Wolfgang von Goethe
Karlfried Graf Dürckheim
Rainer Werner Fassbinder

23 Alexander Graf Cagliostro (Ps)
Giacomo Girolamo Casanova

24 Annette von Droste-Hülshoff

25 Friedensreich Hundertwasser (Ps)

Häufigkeit der einzelnen Buchstaben: Lebens-Tendenzen

Da jeder Buchstabe von einer spezifischen Energie regiert wird, ist es leicht vorstellbar, daß wir auf mehrfaches Vorhandensein einer solchen Energie gemäß ihrer Qualität auch reagieren.

Die Energie gibt unserem Leben eine Tendenz, der wir je nach Häufigkeit des betreffenden Buchstabens, also je nach Energie-Intensität folgen, und zwar entweder wie selbstverständlich oder eben auch verstärkt; oder wir kultivieren die Energie oder haben vielleicht auch unsere Probleme damit – je nach ihrer Mächtigkeit.

Darin unterscheiden wir und kombinieren:

a) die Ebene der Lebbarkeit und

b) den Wirkungsbereich.

Dio Ebone nennt das Milieu, das „Energie-Haus", in dem die Energie gelebt werden kann

Der Wirkungsbereich nennt den „Platz", den die Energie in diesem Haus einnimmt.

(Später werden wir beiden Bezeichnungen noch oft begegnen).

Beispiel:

Die Buchstaben-Energie X ist verbunden mit der Energie-Zahl **15**.

Die Energie-Zahl 15 steht für "Einfluß, Selbstverwirklichung".

1 x der Buchstabe X im Namen bedeutet, daß

a) sich die Energie „Einfluß, Selbstverwirklichung" auf der **Ebene 1** = 1/Wille, Energie befindet, und daß sie

b) durch lediglich einmaliges Vorhandensein im eigenen **Wirkungsbereich,** also **15** = „Einfluß, Selbstverwirklichung" lebbar ist.

Menschen mit einem einzigen X im Namen haben also die **Tendenz**, Einfluß und Selbstverwirklichung wie selbstverständlich zu leben. (Xanthippe)

2 x der Buchstabe X im Namen bedeutet, daß

a) sich die Energie „Einfluß, Selbstverwirklichung" auf der **Ebene 2** = 2/Wissen, Intellekt befindet,und daß sie

b) durch ihr mehrmaliges (hier zweimaliges)Vorhandensein auch „mehrmals" eingerechnet (mit ihrer Energie-Zahl entsprechend multipliziert) werden muß. Die beiden X sind also im **Wirkungsbereich 3** (2 x 15 = 30, wir zählen aber nur von 1 - 22, ab da gilt die Quersumme) lebbar.

Menschen mit zwei X im Namen haben also die **Tendenz**, „Einfluß, Selbstverwirklichung"

a) auf der Ebene des Wissens (2)

b) zum Nutzen der Gemeinschaft (3) zu verwirklichen. (Xerxes)

Buchstaben-Häufigkeit (❒ ankreuzen)	1 x	2 x	3 x	4 x	5 x
A/Ä (1)	❒ Ebene 1 Wirkt in 1	❒ Ebene 2 Wirkt in 2	❒ Ebene 3 Wirkt in 3	❒ Ebene 4 Wirkt in 4	❒ Ebene 5 Wirkt in 5
B (2)	❒ Ebene 1 Wirkt in 2	❒ Ebene 2 Wirkt in 4	❒ Ebene 3 Wirkt in 6	❒ Ebene 4 Wirkt in 8	❒ Ebene 5 Wirkt in 10
G (3)	❒ Ebene 1 Wirkt in 3	❒ Ebene 2 Wirkt in 6	❒ Ebene 3 Wirkt in 9	❒ Ebene 4 Wirkt in 12	❒ Ebene 5 Wirkt in 15
D (4)	❒ Ebene 1 Wirkt in 4	❒ Ebene 2 Wirkt in 8	❒ Ebene 3 Wirkt in 12	❒ Ebene 4 Wirkt in 16	❒ Ebene 5 Wirkt in 20
E (5)	❒ Ebene 1 Wirkt in 5	❒ Ebene 2 Wirkt in 10	❒ Ebene 3 Wirkt in 15	❒ Ebene 4 Wirkt in 20	❒ Ebene 5 Wirkt in 7
U/Ü, V, W (6)	❒ Ebene 1 Wirkt in 6	❒ Ebene 2 Wirkt in 12	❒ Ebene 3 Wirkt in 18	❒ Ebene 4 Wirkt in 6	❒ Ebene 5 Wirkt in 3
Z (7)	❒ Ebene 1 Wirkt in 7	❒ Ebene 2 Wirkt in 14	❒ Ebene 3 Wirkt in 21	❒ Ebene 4 Wirkt in 10	❒ Ebene 5 Wirkt in 8
H, CH (8)	❒ Ebene 1 Wirkt in 8	❒ Ebene 2 Wirkt in 16	❒ Ebene 3 Wirkt in 6	❒ Ebene 4 Wirkt in 5	❒ Ebene 5 Wirkt in 4
T (9)	❒ Ebene 1 Wirkt in 9	❒ Ebene 2 Wirkt in 18	❒ Ebene 3 Wirkt in 9	❒ Ebene 4 Wirkt in 9	❒ Ebene 5 Wirkt in 9
I, J, Y (10)	❒ Ebene 1 Wirkt in 10	❒ Ebene 2 Wirkt in 20	❒ Ebene 3 Wirkt in 3	❒ Ebene 4 Wirkt in 4	❒ Ebene 5 Wirkt in 5
C, K (11)	❒ Ebene 1 Wirkt in 11	❒ Ebene 2 Wirkt in 22	❒ Ebene 3 Wirkt in 6	❒ Ebene 4 Wirkt in 8	❒ Ebene 5 Wirkt in 10
L (12)	❒ Ebene 1 Wirkt in 12	❒ Ebene 2 Wirkt in 6	❒ Ebene 3 Wirkt in 9	❒ Ebene 4 Wirkt in 12	❒ Ebene 5 Wirkt in 6
M (13)	❒ Ebene 1 Wirkt in 13	❒ Ebene 2 Wirkt in 8	❒ Ebene 3 Wirkt in 12	❒ Ebene 4 Wirkt in 7	❒ Ebene 5 Wirkt in 11
N (14)	❒ Ebene 1 Wirkt in 14	❒ Ebene 2 Wirkt in 10	❒ Ebene 3 Wirkt in 6	❒ Ebene 4 Wirkt in 11	❒ Ebene 5 Wirkt in 7
X (15)	❒ Ebene 1 Wirkt in 15	❒ Ebene 2 Wirkt in 3	❒ Ebene 3 Wirkt in 9	❒ Ebene 4 Wirkt in 6	❒ Ebene 5 Wirkt in 12
O/Ö (16)	❒ Ebene 1 Wirkt in 16	❒ Ebene 2 Wirkt in 5	❒ Ebene 3 Wirkt in 12	❒ Ebene 4 Wirkt in 10	❒ Ebene 5 Wirkt in 8
P, PH, F (17)	❒ Ebene 1 Wirkt in 17	❒ Ebene 2 Wirkt in 7	❒ Ebene 3 Wirkt in 6	❒ Ebene 4 Wirkt in 14	❒ Ebene 5 Wirkt in 13
SCH, SH, TS, TZ (18)	❒ Ebene 1 Wirkt in 18	❒ Ebene 2 Wirkt in 9	❒ Ebene 3 Wirkt in 9	❒ Ebene 4 Wirkt in 9	❒ Ebene 5 Wirkt in 9
Q (19)	❒ Ebene 1 Wirkt in 19	❒ Ebene 2 Wirkt in 11	❒ Ebene 3 Wirkt in 12	❒ Ebene 4 Wirkt in 13	❒ Ebene 5 Wirkt in 14
R (20)	❒ Ebene 1 Wirkt in 20	❒ Ebene 2 Wirkt in 4	❒ Ebene 3 Wirkt in 6	❒ Ebene 4 Wirkt in 8	❒ Ebene 5 Wirkt in 1
S (21)	❒ Ebene 1 Wirkt in 21	❒ Ebene 2 Wirkt in 6	❒ Ebene 3 Wirkt in 9	❒ Ebene 4 Wirkt in 12	❒ Ebene 5 Wirkt in 6
TH (22)	❒ Ebene 1 Wirkt in 22	❒ Ebene 2 Wirkt in 8	❒ Ebene 3 Wirkt in 12	❒ Ebene 4 Wirkt in 16	❒ Ebene 5 Wirkt in 2

Fehlen von Buchstaben: Stellvertretendes Energien-Potential

Wenige Menschen haben 22 Buchstaben in ihrem Namen, ganz wenige noch mehr. So ist es natürlich, daß einige Buchstaben-Energien gar nicht vorhanden zu sein scheinen.

Hat nun wirklich jemand, der kein S in seinem Namen trägt, auch keinen Erfolg? Kann jemand ohne E – was in unserem Kulturkreis, wo das E der meisterscheinende Buchstabe ist, selten vorkommt – vielleicht nicht lieben? Hat jemand ohne ein X keine Chance der Selbstverwirklichung?

Die 22 Energien bauen nicht nur aufeinander auf, sie stehen auch untereinander in Verbindung, verstärken oder ergänzen einander und können so auch bei Abwesenheit der anderen deren Funktion (mit)-übernehmen, sie sozusagen vertreten.

Jede Energie hat damit eine Art Partner-Energie.

Diese **Partner-Energie,** später kurz **„Korrespondenz"** genannt, finden wir innerhalb der 22er-Zahlenordnung in der **Quersumme** der betreffenden Energie-Zahl, wobei einige Zahlen über zwei Korrespondenzen, eine primäre und eine sekundäre, verfügen (in Klammern angegeben).

Die Energie, die Sie vielleicht in einem Namen vermissen, kann über deren Stellvertretende Energie(n) gelebt bzw. aktiviert werden.

Zum Beispiel: S/21 über Energie G/3 oder L/12. – E/5 über N/14. – X/15 über U, Ü, V, W/6.

Miteinander korrespondierende Energien

1	Wille, Energie	**10**	Freiheit, Reisen, Veränderung
2	Wissen, Intellekt **(20)**	**11**	Kunst, Kultur, Kreativität; Spiritualität
3	Gemeinschaft, Kommunikation, Konsens **(21)**	**12**	Dienst am Menschen, Opfergeist, Hingabe
4	Tat, Handeln, Arbeit, Geld; Entscheidung **(22)**	**13**	Verwandlung, Zäsur, Loslassen; Neubeginn; Höheres Wissen
5	Liebe, Heilsames Be-Wirken, Religio(n)	**14**	Disziplin, Vorbild, Pionierarbeit

6	Prüfungen, Analyse, Forschung, Psychologie; Sexualität	**15**	Einfluß, Selbstverwirklichung
7	Überwinden, Gewinnen	**16**	Einweihungsweg; Lehren, Beraten, Erziehen, Therapieren
8	Kosmische Ordnung, Recht, Gesundheit	**17**	Freundschaft, Soziale Aufgabe
9	Menschenkenntnis, Weisheit	**18**	Extreme; Einsatz für lebenswichtige Belange
10	Freiheit, Reisen, Veränderung; **(19)**	**1**	Wille, Energie
11	Kunst, Kultur, Kreativität, Spiritualität	**2**	Wissen, Intellekt (**20**)
12	Dienst am Menschen, Opfergeist, Hingabe	**3**	Gemeinschaft, Kommunikation, Konsens (**21**)
13	Verwandlung, Zäsur, Loslassen, Neubeginn; Höheres Wissen	**4**	Tat, Handeln, Arbeit, Geld; Entscheidung (**22**)
14	Disziplin, Vorbild; Pionierarbeit	**5**	Liebe, Heilsames Be-Wirken, Religio(n)
15	Einfluß, Selbstverwirklichung	**6**	Prüfungen, Analyse, Forschung; Psychologie; Sexualität
16	Einweihungsweg; Lehren, Beraten, Erziehen, Therapieren	**7**	Überwinden, Gewinnen
17	Freundschaft, Soziale Aufgabe	**8**	Kosmische Ordnung, Recht, Gesundheit
18	Extreme, Einsatz für lebenswichtige Belange	**9**	Menschenkenntnis,Weisheit
19	Harmonie, Freude, Humor	**10**	Freiheit, Reisen, Veränderung; Reform (**1**)
20	Karmische Wiederbegegnung, Frühere Fähigkeiten, Mission	**2**	Wissen, Intellekt (**11**)
21	Erfolg, Fortschritt, Positivität	**3**	Gemeinschaft, Kommunikation, Konsens (**12**)
22	Astralwirken, Sensitivität, Nonkonformismus	**4**	Tat, Handeln, Arbeit, Geld; Entscheidung (**13**)

Interpretationen von 1 - 22

Einleitung

Im 1. Interpretationsteil dieses Buches erschließen wir, was jemand generell an Möglichkeiten, an Chancen, sicher aber auch an Lernaufgaben in sich trägt.

Die Interpretationen sind jedoch keine Vorhersagen.

Wir können zwar vorhandenes Potential sehen, die günstigsten Wirkungsbereiche dafür erkennen und auch die wahrscheinlichste Art der Verwirklichung. Doch eines gilt bei allem: Der Mensch ist in seiner Entscheidung frei. Er entscheidet, auf welche Weise er sein Potential nutzt, in welcher Intensität und auch in welchem Tempo; hier können wir uns der Einstein'schen Relativitätstheorie anschließen.

Viele Menschen kennen aber ihr wahres Potential gar nicht. Sie muten sich zuviel oder trauen sich zu wenig zu. Oder auch anderen. Und so kann dieser 1. Interpretationsteil die Wissensgrundlage sein zur Verbesserung der eigenen Lebensgestaltung wie auch der Partnerschaft – wie überhaupt zum größeren Verständnis füreinander.

1. Die Energie-Häuser = *Möglichkeiten*

Alle Buchstaben sind Träger einer spezifischen Energie. Jede Energie hat einen eigenen Bereich, in dem sie zuhause ist. Dieser Bereich wird deshalb **HAUS** genannt.

Wir unterscheiden 22 Energie-Häuser, die auch nach den Zahlen 1 - 22 benannt werden. Die Nummer eines Hauses nennt also nach dem kabbalistischen Schlüssel zugleich auch die in ihr beheimatete Energie.

Das Haus sagt, welche Energie hier wohnt und damit, **was hier möglich ist.**

Beispiel:

Der Buchstabe A ist Träger von 1 /Wille und Energie.

Wille und Energie sind also in Haus 1 zuhause. Sie haben dort die stärkste Möglichkeit der Entfaltung.

(Buchstabe C ist in Haus 11 zuhause, Buchstabe X in Haus 15 usw.).

2. Die Energie-Tendenzen
= *Wirkungsbereich*

Wenn Buchstaben mehrfach in einem Namen vorkommen, verteilen sie sich natürlich auf mehrere Energie-Häuser. Da in jedem Haus aber eine andere Energie wohnt, entwickelt sich eine Art Misch-Energie, die wiederum ein spezifisches Zuhause, einen spezifischen Wirkungsbereich braucht.

Zu welchem Wirkungsbereich dann eine **Tendenz** besteht, sagt ein Multiplikationsfaktor aus Haus-Nummer und Häufigkeit des Buchstabens.

Beispiel:
Buchstabe E (Liebe) hat die Haus-Nummer 5 und kommt z. B. 3 x im Namen vor. Wir multiplizieren: 5 x 3 = 15. In Haus Nummer 15 wohnt die Energie Einfluß, Selbstverwirklichung.

Es zeigt sich also die Tendenz, Liebe in einem Energie-Haus zu verwirklichen, das der Häufigkeit der Buchstaben-Energie und damit der gesamten Kraft gerecht wird.

Hier: die Tendenz, Selbstverwirklichung durch Liebe zu erfahren.

3. Die Energie-Plätze
= *Verwirklichungsart*

Die Reihenfolge der Buchstaben im Namen ist eine Platz-Angabe. Der erste Buchstabe steht auf Platz 1, der zweite auf Platz 2, der zehnte auf Platz 10 usw. (Bei mehr als 22 Buchstaben gilt die Quersumme, vgl. Tabelle 2, S. 74).

In der Reihenfolge der Buchstaben nehmen die ihnen innewohnenden Kräfte nun einen Platz in den Energie-Häusern ein. Die Energie-Häuser ihrerseits bieten der eintretenden Kraft **Raum zur Verwirklichung.**

Je nachdem, welche Energien hier nun zusammenkommen, wird es nötig sein, sich zu arrangieren: die Hausmacht hat immer den Vorrang. Der eingenommene Energie-Platz zeigt daher, welche Anlagen mitgebracht wurden und ob und wie sie in dem betreffenden Haus zu verwirklichen sind.

Beispiel:
Der 8. Buchstabenplatz ist ein A.
A/Wille, Energie nimmt also im 8. Energie-Haus einen Platz ein.
Hier wohnt 8/Kosmische Ordnung, Recht, Gesundheit.

Die Energie verbindet sich nun mit der Hausmacht: Der Wille hat Raum, sich durch Kosmische Ordnung, Recht, Gesundheit zu verwirklichen.

Wenn Energie-Haus und Energie-Platz identisch sind (z. B. T = 9. Haus und 9. Buchstabenplatz T), wenn der Buchstabe also in seinem eigenen Haus steht, so ist die Energie dort souverän: sie kann frei gelebt werden.

22 x 22
Interpretationen

1
Wille, Energie

Bedeutung der Haus-Energie A/Ä

Das A steht in Haus 1
und sagt, was in diesem „Zuhause“ möglich ist:
Entfaltung von Willenskraft und Energie.
Also Ideen, Pläne, Kraft.

Tendenzen

Bedeutung der Häufigkeit von A/Ä

Es wird die Häufigkeit multipliziert mit der entsprechenden Energie-Zahl; hier: 1

Häufigkeit	Wirksamkeit	Interpretation*
1 x	Bereich 1 (eigener)	Wille, Energie als natürliches Bedürfnis und Selbstverständnis
2 x	Bereich 2	Wissen, Intellekt. Energie gilt Wissen
3 x	Bereich 3	Gemeinschaft Kommunikation. Energie braucht Kontakt, Menschen
4 x	Bereich 4	Tat, Handeln, Arbeit, Geld, Entscheidung. Hohe Umsetzungsenergie
5 x	Bereich 5	Liebe, Heilsames Bewir-ken, Religio(n). Energie wird primär für andere Menschen eingesetzt
0 x		Aktivierung der Energien über den Korrespondenz-Faktor 10 (I, J, Y) = Freiheit, Reisen, Veränderung; Reform

*Siehe auch: Studieranhang, Seite 203

Anlagen

Bedeutung der Platz-Energie A/Ä

Die Platz-Energie sagt, welche Anlagen sie in dem betreffenden Haus verwirklichen kann. A/Ä, die erste der Energien, ist noch nicht in Kontakt mit den anderen und wirkt so als reine Willens-Energie, also zunächst ohne Attribute.

WILLE, ENERGIE

Im Haus	verwirklicht:
1	Hier ist die Energie souverän, weil zuhause (Angelika Hoefler)
2	Wissen, Intellekt
3	Gemeinschaft, Kommunikation, Konsens (Platon, Jeanne d' Arc)
4	Tat, Handeln, Arbeit, Geld; Entscheidung (Red Adair)
5	Liebe, Heilsames Be-Wirken, Religio(n)
6	Prüfungen, Analyse, Forschung; Psychologie; Sexualität
7	Überwinden, Gewinnen
8	Kosmische Ordnung, Recht, Gesundheit
9	Menschenkenntnis, Weisheit (Mahatma Gandhi)
10	Freiheit, Reisen, Veränderung, Reform
11	Kunst, Kultur, Kreativität; Spiritualität (Rainer Maria Rilke, Wolfgang Amadeus Mozart)
12	Dienst am Menschen, Opfergeist, Hingabe
13	Verwandlung, Zäsur, Loslassen, Neubeginn; Höheres Wissen
14	Disziplin, Vorbild, Pionierarbeit
15	Einfluß, Selbstverwirklichung
16	Einweihungsweg; Lehren, Beraten, Erziehen, Therapieren
17	Freundschaft, Soziale Aufgabe (Margarethe Schreinemakers)
18	Extreme; Einsatz für lebenswichtige Belange
19	Harmonie, Freude, Humor
20	Karmische Wiederbegegnung, Frühere Fähigkeiten, Mission
21	Erfolg, Fortschritt, Positivität
22	Astralwirken, Sensitivität, Nonkonformismus

2
Wissen, Intellekt

Bedeutung der Haus-Energie B

Das B steht in Haus 2
und sagt, was in diesem „Zuhause“ möglich ist:
Entfaltung von Wissen, Intellekt.
Also Studien.

Tendenzen

Bedeutung der Häufigkeit von B

Es wird die Häufigkeit multipliziert mit der entsprechenden Energie-Zahl; hier: 2

Häufigkeit	Wirksamkeit	Interpretation*
1 x	Bereich 2 (eigener)	Wissen, Intellekt als natürliches Bedürfnis und Selbstverständnis
2 x	Bereich 4	Tat, Handeln, Arbeit, Geld; Entscheidung. Wissen gilt dem Beruf
3 x	Bereich 6	Prüfungen, Analyse, Forschung, Psychologie; Sexualität. Wissen braucht Kontrolle
4 x	Bereich 8	Kosmische Ordnung, Recht, Gesundheit. Ausgeprägtes Verantwortungsgefühl
5 x	Bereich 10	Freiheit, Reisen, Veränderung; Reform. Wissen als Rebellion
0 x		Aktivierung der Energien über den Korrespondenz-Faktor 11 (C, K) = Kunst, Kultur, Kreativität, Spiritualität

*Siehe auch: Studieranhang, Seite 203

Anlagen

Bedeutung der Platz-Energie B

WISSEN, INTELLEKT

Im Haus	**verwirklicht:**
1	Intelligente Durchsetzungskraft (Bill Clinton, Brigitte Bardot)
2	Hier ist die Energie souverän, weil zuhause (Abraham Lincoln)
3	Wissen will kommunizieren (Albert Einstein)
4	Durchdachtes Handeln
5	Wissende, heilsame Liebe
6	Gereift an Prüfungen, reif für die Arbeit mit Menschen (Willy Brandt)
7	Weiß immer einen Ausweg
8	Integrität bis zur Rechthaberei (Heinrich Böll)
9	Weises Verstehen
10	Wissen will wandern und die Welt verändern
11	Altes Wissen und Können
12	Helfernatur, manchmal wider besseres Wissen
13	Durch Höhen und Tiefen gehen (August Strindberg)
14	Könnte das Erfinden erfinden (Johannes Gutenberg)
15	Wissen, was man will, und es auch leben
16	Wissen weitergeben (Johann Sebastian Bach)
17	Fels in der Brandung
18	Wissen, daß Gott am nächsten, wenn die Not am größten
19	Lebenskünstlertum, Mutterwitz
20	Wissen um frühere Kräfte und Fähigkeiten
21	Gewinnorientierung
22	Wissen, was man sagt, aber nicht alles sagen, was man weiß

3
Gemeinschaft, Kommunikation, Konsens

Bedeutung der Haus-Energie G

Das G steht in Haus 3
und sagt, was in diesem „Zuhause“ möglich ist:
Entfaltung von Gemeinschaft, Kommunikation, Konsens.

Tendenzen

Bedeutung der Häufigkeit von G

Es wird die Häufigkeit multipliziert mit der entsprechenden Energie-Zahl; hier: 3

Häufigkeit	Wirksamkeit	Interpretation*
1 x	Bereich 3 (eigener)	Gemeinschaft, Kommunikation, Konsens als natürliches Bedürfnis und Selbstverständnis
2 x	Bereich 6	Prüfungen, Analyse,Forschung, Psychologie; Sexualität. Kommunikation aus gezieltem Interesse
3 x	Bereich 9	Menschenkenntnis, Weisheit. Bevorzugt Gemeinschaft mit Menschen gleicher Ebene
4 x	Bereich 12	Dienst am Menschen, Opfergeist, Hingabe. Talent zum Opfernaturell
5 x	Bereich 15	Einfluß, Selbstverwirklichung. Hohes Geltungsbedürfnis
0 x		Aktivierung der Energien über den Korrespondenz-Faktor 12 (L) = Dienst am Menschen

*Siehe auch: Studieranhang, Seite 204

Anlagen

Bedeutung der Platz-Energie G

GEMEINSCHAFT, KOMMUNIKATION, KONSENS

Im Haus	verwirklicht:
1	Umgänglichkeit, Extrovertiertheit (Greta Garbo, Günter Grass)
2	Wißbegierigkeit, oft Kopflastigkeit
3	Hier ist die Energie souverän, weil zuhause (Sigmund Freud, Eugen Drewermann)
4	Kollegialität, Arbeitseifer (Margarethe Schreinemakers)
5	Hilfsbereitschaft
6	Hinterfragen, Insistieren
7	Über-Schatten-Springen als Vereinssport
8	Faible für Paragraphen und/oder Gesundheitslehren
9	Wissenschaftsgeist
10	Bindungsträgheit; Globetrotter
11	Vorliebe für Interessengemeinschaften
12	Hält die andere Wange auch noch hin
13	Plötzlichkeiten; Lebenskarussell (Rosa Luxemburg, Neil Armstrong)
14	Befehlsempfänger – bis zur eigenen guten Idee!
15	Der Orts-Nabel
16	Authentische Psychologen und ähnliche Menschen (August Strindberg)
17	Einer für alle
18	Verantwortungsgehabe
19	Knallbonbon; Entertainer
20	Hohe Re-Inkarnation mit Aufgabe an der Menschheit
21	Seilschaften; Eine-Hand-wäscht-die-andere-nonstop
22	Angewöhnungsbedürftige Ideen; Genialität oder was naheliegt

4
Tat, Handeln, Arbeit, Geld; Entscheidung

Bedeutung der Haus-Energie D

Das D steht in Haus 4
und sagt, was in diesem „Zuhause“ möglich ist:
Finanzen, Entscheidung, Verantwortung

Tendenzen

Bedeutung der Häufigkeit von D

Es wird die Häufigkeit multipliziert mit der entsprechenden Energie-Zahl; hier: 4

Häufigkeit	Wirksamkeit	Interpretation*
1 x	Bereich 4 (eigener)	Tat, Handeln, Arbeit, Geld; Entscheidung als natürliches Bedürfnis und Selbstverständnis
2 x	Bereich 8	Kosmische Ordnung, Recht, Gesundheit. Wissen um die rechten Dinge
3 x	Bereich 12	Dienst am Menschen, Opfergeist, Hingabe. Neigung zu Übereifer
4 x	Bereich 16	Einweihungsweg; Lehren, Beraten, Erziehen, Therapieren. Enervierendes Motivationsgenie
5 x	Bereich 20	Karmische Wiederbegegnung, Frühere Fähigkeiten, Mission. Präinkarnative Fähigkeiten werden unter anderen, hohen Prämissen eingesetzt.
0 x		Aktivierung der Energien über den Korrespondenz-Faktor 13 (M) = Verwandlung, Zäsur, Loslassen, Neubeginn; Höheres Wissen

*Siehe auch: Studieranhang, Seite 204

Anlagen

Bedeutung der Platz-Energie D

TAT, HANDELN, ARBEIT, GELD; ENTSCHEIDUNG

Im Haus	verwirklicht:
1	Macher, Entscheidungstempo
2	Handeln sollte bisweilen aus Nichthandeln bestehen
3	Diplomatie und andere Rücksichtnahmen
4	Hier ist die Energie souverän, weil zuhause (Hildegard von Bingen, Golda Meir, Mildred Scheel)
5	Menschenmöger, manchmal Hase-Igel-Strategie
6	Unruhiger Geist, Analyse Tick (Alfred Adler, Konrad Duden)
7	Greift zu bei Chancen (Jeanne d' Arc)
8	Tut das Richtige (seltene Spezies)
9	Schlummertalent als Personalchef
10	Rebell, und wehe, wenn nicht!
11	Vergeistigt, sensible Zurückhaltung (Annette von Droste-Hülshoff)
12	Helfersyndrom und glücklich damit (Sigmund Freud)
13	Tohuwabohu-Studium
14	Kann die 5 nicht gerade sein lassen (Karlfried Graf Dürckheim)
15	Selbstkontrolle vonnöten, insbesondere bei Machtpositionen
16	Pathologische Hilfsbereitschaft, wenn man nicht achtgibt (Friedensreich Hundertwasser)
17	Wandelndes Sozialamt
18	Zuständig für Wunder
19	Überzeugt, daß einem Humor nicht in den Schoß fällt
20	Wiederholt Handeln einer früheren Inkarnation
21	Setzt auf das richtige Pferd
22	Vorsicht vor extremen Handlungen

5
Liebe, Heilsames Be-Wirken, Religio(n)

Bedeutung der Haus-Energie E

Das E steht in Haus 5
und sagt, was in diesem „Zuhause“ möglich ist:
Liebe, Nächstenliebe, Geborgenheit, Hilfe, Heilung, Gottverbundenheit

Tendenzen

Bedeutung der Häufigkeit von E

Es wird die Häufigkeit multipliziert mit der entsprechenden Energie-Zahl; hier: 5
Es gelten die Zahlen 1 - 22,
bei einer höheren Zahl gilt deren Quersumme bis 22.

Häufigkeit	Wirksamkeit	Interpretation*
1 x	Bereich 5 (eigener)	Liebe, Heilsames Be-Wirken, Religio(n) als natürliches Bedürfnis und Selbstverständnis
2 x	Bereich 10	Freiheit, Reisen, Veränderung; Reform. Selbstwert kennen- und abgrenzen lernen; Liebe zu Liberalität, Freiräumen, etwas bewegen wollen
3 x	Bereich 15	Einfluß; Selbstverwirklichung. Liebe als mächtigste Kraft im Leben
4 x	Bereich 20	Karmische Wiederbegegnung, Frühere Fähigkeiten, Mission. Begegnung mit einem alten Ich, das geliebt werden will. Begegnung aber auch mit alten Lieben. Lernen, andere nicht in Grund und Boden zu lieben
5 x	Bereich 25 = 7	Überwinden, Gewinnen. Siegernaturell
0 x		Aktivierung der Energien über den Korrespondenz-Faktor 14 (N) = Disziplin, Vorbild; Pionierarbeit

*Siehe auch: Studieranhang, Seite 204

Anlagen

Bedeutung der Platz-Energie E

LIEBE, HEILSAMES BE-WIRKEN, RELIGIO(N)

Im Haus	**verwirklicht:**
1	Liebe als Leit-Energie (Edith Piaf, Erich Fromm)
2	Intellektuelle Verbindungen, Kopfpartnerschaften (Hermann Hesse)
3	Dem Wohl der Gemeinschaft verbunden
4	Energische Freundschaften und andere Nähegrade (Angelika Hoefler)
5	Hier ist die Energie souverän, weil zuhause (Asklepios, Florence Nightingale, Marie Curie)
6	Liebe gilt der Forschung oder auch umgekehrt
7	Charme als internationale Währung (Marlene Dietrich, Romy Schneider, John F. Kennedy)
8	Herz auf dem rechten Fleck (also links)
9	Herzens-Bildung (Albert Schweitzer)
10	Romeo und/oder Julia mit den Chancen von heute (Marlene Dietrich, Romy Schneider, John F. Kennedy)
11	Kreative Fürsorglichkeit
12	Schokolade in der Sonne
13	Umwege zur wahren Liebe
14	Gibt alles und erfindet sich neu (Angelika Hoefler, Friedrich Nietzsche)
15	Liebe – zu Menschen und Dingen –, die Macht gibt
16	Auf Narben gewachsene Menschenliebe
17	Abrahams Schoß (Friedensreich Hundertwasser)
18	Rettungsboot
19	Die Güte ganz
20	Mission an den Menschen
21	Wegbereiter
22	Seltsamer Heiliger

6
Prüfungen, Analyse, Forschung, Psychologie, Sexualität

Bedeutung der Haus-Energien U/Ü, V, W

Die Energien stehen in Haus 6
und sagen, was in diesem „Zuhause“ möglich ist:
Prüfen und Geprüft-Werden, Konflikte, Erkennen von Zusammenhängen, Wissenschaftsgeist. Arbeit mit Menschen; Sexualität

Tendenzen

Bedeutung der Häufigkeit von U/Ü, V, W

Es wird die Häufigkeit multipliziert mit der entsprechenden Energie-Zahl; hier: 6
Es gelten die Zahlen 1-22,
bei einer höheren Zahl gilt deren Quersumme bis 22.

Häufigkeit	Wirksamkeit	Interpretation*
1 x	Bereich 6 (eigener)	Prüfungen, Analyse, Forschung; Psychologie; Sexualität als natürliches Bedürfnis und Selbstverständnis
2 x	Bereich 12	Dienst am Menschen, Opfergeist, Hingabe. Studium Mensch
3 x	Bereich 18	Extreme, Einsatz für lebenswichtige Belange. Außergewöhnliche Seelenkraft
4 x	Bereich 24 = 6	Prüfungen, Analyse, Forschung, Psychologie; Sexualität. Hier jedoch als „übertriebene“ Energie
5 x	Bereich 30 = 3	Gemeinschaft, Kommunikation, Konsens. Forschungsbefähigung
0 x		Aktivierung der Energien über den Korrespondenz-Faktor 15 (X) = Einfluß, Selbstverwirklichung

*Siehe auch: Studieranhang, Seite 204

Anlagen

Bedeutung der Platz-Energien U/Ü, V, W

PRÜFUNGEN, ANALYSE, FORSCHUNG PSYCHOLOGIE, SEXUALITÄT

Im Haus	verwirklicht:
1	Liebe zum Detail
2	Perfektions-Studium, und man lernt schließlich nie aus (Eugen Drewermann)
3	Braucht das Bad in der Menge
4	Das Ende der Theorie
5	Heilung der Gefühle
6	Hier ist die Energie souverän, weil zuhause (Carl Gustav Jung, Immanuel Kant, Mark Twain)
7	Gewußt-Wie, egal was (Marie Curie, Rudolf Virchow, Johann Wolfgang von Goethe)
8	Potenz durch Kompetenz
9	Denk-Akrobat, kann auch um die Ecke gucken (Eugen Drewermann)
10	Psychische und physische Befreiungen
11	Erforschung von Psyche und Physis (Sigmund Freud)
12	Nimmt anderen die Hemmungen (Carl Gustav Jung, Julius Hackethal)
13	Talent für Geisteswissenschaften, Introvertiertheit
14	Unkonventionelle Sexualität (Wolfgang Amadeus Mozart)
15	Wissen ist Macht ist Erotik (Johann Wolfgang von Goethe)
16	Umstandskrämer
17	Stuntman oder sonstiger Stellvertreter
18	Kompensierung eines Traumas
19	Schaukelpartie zwischen Optimismus und Pessimismus
20	Wieder-Finden von Menschen, Gaben und Aufgaben
21	Positives Handeln gleich im Anschluß an Positives Denken
22	Mit Über-Sinnlichkeit zum Beziehungs-Designer

7
Überwinden, Gewinnen

Bedeutung der Haus-Energie Z

Das Z steht in Haus 7
und sagt, was in diesem „Zuhause“ möglich ist:
Überwinden, Selbstüberwindung, Hürden nehmen, als Gewinner am Ende des Tunnels wieder herauskommen oder überhaupt auf der Gewinnerseite sein

Tendenzen

Bedeutung der Häufigkeit von Z

Es wird die Häufigkeit multipliziert mit der entsprechenden Energie-Zahl; hier: 7
Es gelten die Zahlen 1-22,
bei einer höheren Zahl gilt deren Quersumme bis 22.

Häufigkeit	Wirksamkeit	Interpretation*
1 x	Bereich 7 (eigener)	Überwinden, Gewinnen als natürliches Bedürfnis und Selbstverständnis
2 x	Bereich 14	Disziplin, Vorbild; Pionierarbeit. Zsa Zsa Gabor im ganz normalen täglichen Leben
3 x	Bereich 21	Erfolg, Fortschritt, Positivität. Erfolg der Superlative
0 x		Aktivierung der Energien über den Korrespondenz-Faktor 16 (O/Ö) = Einweihungsweg; Beraten, Lehren, Erziehen, Therapieren

*Siehe auch: Studieranhang, Seite 205

Anlagen

Bedeutung der Platz-Energie Z

ÜBERWINDEN, GEWINNEN

Im Haus	**verwirklicht:**
1	"Die Sterne reißt's vom Himmel, das eine Wort: ich will!" (Zarah Leander, Zsa Zsa Gabor)
2	Wissen, wann wo was wer wie warum woher
3	Hans Dampf in allen Gassen (Liza Minelli)
4	Der Weg da raus ist der Weg da durch (Elizabeth Taylor)
5	Doch die Liebe ist die größte unter ihnen (Heinz Rühmann)
6	Jedes Problem trägt in sich die Lösung
7	Hier ist die Energie souverän, weil zuhause (Stefan Zweig)
8	Heilung, Versöhnung, Rehabilitation (Joan Baez)
9	Klugheit, sogar in der Selbsteinschätzung (Franz Liszt)
10	Reformer, auch der eigenen Lebensstruktur (Alice Schwarzer)
11	Kreativer Prozeß der Selbstfindung
12	Demut
13	Schweres Los: Los-Lassen
14	Gipfelstürmer
15	Liebling der Göttinnen und Götter
16	Sterntalerpurzeln im Leben
17	Freund in der Not
18	Unmögliches möglich machen (Wolfgang Amadeus Mozart)
19	Tapferkeit bis zum Galgenhumor
20	Exponierte Lebensposition
21	Besuch beim großen Bruder Erfolg
22	Achilles mit Pflaster am Fuß

8
Kosmische Ordnung, Recht, Gesundheit

Bedeutung der Haus-Energien H, CH

H, CH stehen in Haus 8
und sagen, was in diesem „Zuhause“ möglich ist:
Wahrhaftigkeit, Treue, Beistand, Gerechtigkeit, Richtigkeit, Gesundheit.

Tendenzen

Bedeutung der Häufigkeit von H, CH

Es wird die Häufigkeit multipliziert mit der entsprechenden Energie-Zahl; hier: 8. Es gelten die Zahlen 1-22, bei einer höheren Zahl gilt deren Quersumme bis 22.

Häufigkeit	Wirksamkeit	Interpretation*
1 x	Bereich 8	Kosmische Ordnung, Recht, Gesundheit als natürliches Bedürfnis und Selbstverständnis
2 x	Bereich 16 (eigener)	Einweihungsweg; Lehren, Beraten, Erziehen, Therapieren. Ausgeprägtes Rechtsempfinden
3 x	Bereich 24 = 6	Prüfungen, Analyse, Forschung, Psychologie; Sexualität. Mögliche Berufsorientierung in den Bereichen 6 und 8
4 x	Bereich 32 = 5	Liebe, Heilsames Be-Wirken, Religio(n). Arbeitsmöglichkeit im Heil- oder Seelsorgebereich
5 x	Bereich 40 = 4	Tat, Handeln, Arbeit, Geld; Entscheidung. Tatkräftiger Einsatz für wenigstens einen Bereich der Kosmischen Ordnung
0 x		Aktivierung der Energien über den Korrespondenz-Faktor 17 (P,PH,F) = Freundschaft, Soziale Aufgabe

*Siehe auch: Studieranhang, Seite 205

Anlagen

Bedeutung der Platz-Energien H, CH

KOSMISCHE ORDNUNG, RECHT, GESUNDHEIT

Im Haus	**verwirklicht:**
1	Will alles recht ordentlich heil machen (Hippokrates, Heinrich Böll, Heinz Rühmann)
2	Anerkennungs-Medaille für Ordnungswissenschaften
3	Bürokratismustestsieger mit Aussicht auf Verwaltungsjob
4	Engagement für Oberste Gebote
5	Zertifikat im Wunderbacken
6	Versteht bestimmt was von Psychosomatik
7	Macht dem Chaos Beine (Charlie Chaplin)
8	Hier ist die Energie souverän, weil zuhause (Winston Churchill, Friedrich Ebert, Angelika Hoefler, Ricarda Huch)
9	Justitia ohne Augenbinde
10	Fernweh nach Recht und Ordnung
11	Spielerischer Umgang mit Normen
12	Durchgestyltes Samaritertum (Mahatma Gandhi)
13	Aufbau neuer Ideale (Friedensreich Hundertwasser)
14	Durch die Wand gehen (Manfred Köhnlechner)
15	Wunsch, ein Öffentliches Organ zu sein (Karlheinz Stockhausen)
16	Authentizität auf Lehr- und Therapiestühlen
17	Fragen-Sie-Tante Clara für Minderheiten
18	Lebender Crashkurs
19	Friede auf Erden und den Menschen ein Wohlgefallen (Karlfried Graf Dürckheim)
20	Mysteriöse Erfolge
21	Zukunftsdesigner
22	Robin Hood, Robin Wood und Nachfolger

9
Menschenkenntnis, Weisheit
Bedeutung der Haus-Energie T

T – (nicht zu verwechseln mit dem phonetisch gleichen TH) steht in Haus 9 und sagt, was in diesem „Zuhause“ möglich ist: Verständnis, Güte, Geduld, psychologische Aufgaben, aber auch Philosophie, das Arbeiten in der Stille

Tendenzen
Bedeutung der Häufigkeit von T

Es wird die Häufigkeit multipliziert mit der entsprechenden Energie-Zahl; hier: 9.
Es gelten die Zahlen 1-22, bei einer höheren Zahl gilt deren Quersumme.

Die Besonderheit der (T)-Energie 9 liegt darin, daß sie auch bei der Multiplikation mit sich selbst immer wieder auf den eigenen Wert 9 oder aber den Korrespondenz-Faktor (hier: Primär-Quersumme: 18) zurückkehrt. Die Häufigkeit dieser Energie in einem Namen wirkt also entweder souverän, weil in der Haus-Energie oder aber sie läßt sich über 18 = Extreme, Einsatz für lebenswichtige Belange leben bzw. aktivieren.

Häufigkeit	Wirksamkeit	Interpretation*
1 x	Bereich 9 (eigener)	Menschenkenntnis, Weisheit als natürliches Bedürfnis und Selbstverständnis
2 x	Bereich 18	Extreme, Einsatz für lebenswichtige Belange. Kluges Handeln, wo es drauf ankommt
3 x, 4 x, 5 x, usw.	Bereich 27, 36, 45, 54, 63, 72, 81, 90 usw. = 9	Menschenkenntnis, Weisheit. Wirksamkeit also in der eigenen Haus-Energie
0 x		Aktivierung der Energien über den Korrespondenz-Faktor 18 (SCH,SH,TS, TZ) = Extreme, Einsatz für lebenswichtige Belange. Oft Menschenkenntnis und tiefe Weisheit durch reale oder geistige Beschäftigung mit besonderen Schwierigkeitsgraden des Lebens

*Siehe auch: Studieranhang, Seite 205

Anlagen

Bedeutung der Platz-Energie T

MENSCHENKENNTNIS, WEISHEIT

Im Haus	**verwirklicht:**
1	Besonnene Entschlossenheit, Ziel vor Augen
2	Gescheitheit zum Nachahmen
3	Versteht die Menschen, wirklich (Platon)
4	Weises Bewegen großer Dinge(Nostradamus)
5	Versenken in große und kleine Wunder (Kurt Tucholsky)
6	Konfliktberater (Albert Schweitzer)
7	Überwinden eigener Hürden, sobald ein Vorbild gefunden ist
8	Trüffelsuchen im Menschendickicht
9	Hier ist die Energie souverän, weil zuhause (Hippokrates, Johann Gottfried Herder, Isaac Newton, Louis Pasteur)
10	Reise in die gegenwärtig vergangene Zukunft, stille Rebellion
11	Esoteriker vom alten Schlag (Albert Einstein)
12	Eule in Athen
13	Wissen, daß alles seine Zeit hat (Samuel Beckett)
14	Weg-Weiser (Brigitte Bardot)
15	Teile und herrsche
16	Stille Wasser sind tief (Heinrich von Kleist)
17	Nichts sehen, nichts hören, nichts sagen
18	Blitzableiter
19	Das gemeinsame Salz von Lachen und Weinen schmecken
20	Weisheitslehrer (Alexander Graf Cagliostro)
21	Erfolgs-Philosophie
22	Unwirkliches Wissen

10
Freiheit, Reisen, Veränderung, Reform

Bedeutung der Haus-Energien I, J, Y

Die Energien stehen in Haus 10
und sagen, was in diesem „Zuhause“ möglich ist:
Selbstwert, Abgrenzung lernen, Rebellion, eigene Wege beschreiten,
Freiraum brauchen, Freiheit, Entscheidungskompetenz, Abwechslung,
Reisen, Kulturaustausch, Impulse aufnehmen/weitergeben, Reformen

Tendenzen

Bedeutung der Häufigkeit von I, J, Y

Es wird die Häufigkeit multipliziert mit der entsprechenden
Energie-Zahl; hier: 10
Es gelten die Zahlen 1-22,
bei einer höheren Zahl gilt deren Quersumme bis 22.

Häufigkeit	Wirksamkeit	Interpretation*
1 x	Bereich 10 (eigener)	Freiheit, Reisen, Veränderung, Reform als natürliches Bedürfnis und Selbstverständnis
2 x	Bereich 20	Karmische Wiederbegegnung, Frühere Fähigkeiten, Mission. Altes Wissen um neue Wege und Aufgaben
3 x	Bereich 30 = 3	Gemeinschaft, Kommunikation, Konsens. Flexibler und intensiver Einsatz für Gemeinschaftsbelange
4 x	Bereich 40 = 4	Tat, Handeln, Arbeit, Geld; Entscheidung. Macher-Typus
5 x	Bereich 50 = 5	Liebe, Heilsames Be-Wirken, Religio(n). Freidenker, Alternativen kontra tradierte Werte
0 x		Aktivierung der Energien über den Korrespondenz-Faktor 1 (A/Ä) = Wille, Energie: Wille und Energie als Basis für die Entwicklung der gewünschten Eigenschaften

*Siehe auch: Studieranhang, Seite 206

Anlagen

Bedeutung der Platz-Energien I, J, Y

FREIHEIT, REISEN,VERÄNDERUNG, REFORM

Im Haus	**verwirklicht:**
1	Unanbindbare Autorität (Jeanne d' Arc, Johann Sebastian Bach, Jimi Hendrix, Joseph Beuys, Julius Hackethal)
2	Wissensverbreitung, Weltgewandtheit (Hildegard von Bingen, Liza Minelli, Willy Brandt)
3	Gemeinsam stark (Edith Piaf, Alice Schwarzer)
4	Fleißiger Idealismus mit Kick-down
5	Innovationsinbrunst (Willy Brandt)
6	Prüfungen als Zündschnur (Marilyn Monroe, Edith Piaf, Angelika Hoefler)
7	Wanderkarte durch den Dschungel (Red Adair)
8	Weltverbesserungsexperte
9	Weltverbesserungsexpertenberater
10	Hier ist die Energie souverän, weil zuhause (Käthe Kollwitz, Friedrich Nietzsche, Albert Schweitzer,Rudolf Steiner)
11	Kultur-Niveau, das Schule machen kann (Maria de Medici, Liza Minelli)
12	Verzichtserklärung an Freiheit, Reisen, Veränderung und Reform
13	Perspektiven-Detektiv (Albert Einstein)
14	Christoph Columbus
15	Mächtigkeit und Eigen-Mächtigkeit kontra sozialer Ohnmächtigkeit (Ernest Hemingway)
16	Lebenswetterfest
17	Verbündeter beim Kampf um persönliche Freiheit (Alexander Mitscherlich)
18	Rettungshubschrauber
19	Unverkrampftes Verhältnis zu revolutionierenden Ideen
20	Angeborener Führungsanspruch
21	Braucht Öffentlichkeit (Antoine de Saint-Exupery)
22	Trendmelder: hört das Gras wachsen

11
Kunst, Kultur, Kreativität, Spiritualität

Bedeutung der Haus-Energien C, K

Die Energien stehen in Haus 11
und sagen, was in diesem „Zuhause“ möglich ist:
Kunst- oder Kultur-Engagement, Kreativität, Werbung,
Vergeistigung, Verletzlichkeit, Medialität, Labilität

Tendenzen

Bedeutung der Häufigkeit von C, K

Es wird die Häufigkeit multipliziert mit der entsprechenden
Energie-Zahl; hier: 11
Es gelten die Zahlen 1-22,
bei einer höheren Zahl gilt deren Quersumme bis 22.

Häufigkeit	Wirksamkeit	Interpretation*
1 x	Bereich 11 (eigener)	Kunst, Kultur, Kreativität, Spiritualität als natürliches Bedürfnis und Selbstverständnis
2 x	Bereich 22	Astralwirken, Sensitivität, Nonkonformismus. Illusionär, Träumer, Medium, Genie
3 x	Bereich 33 = 6	Prüfungen, Analyse, Forschung, Psychologie; Sexualität. – Sachverständiger, Juror, Esoterische Forschungen; Starke Erotik
4 x	Bereich 44 = 8	Kosmische Ordnung, Recht, Gesundheit. Balanceakt zwischen Wollen und Dürfen
5 x	Bereich 55 = 10	Freiheit, Reisen, Veränderung, Reform. Kunst, Ideen oder Spiritualität als große Aufgabe
0 x		Aktivierung der Energien über den Korrespondenz-Faktor 2 (B) = Wissen, Intellekt: Studien betreiben

*Siehe auch: Studieranhang, Seite 206

Anlagen

Bedeutung der Platz-Energien C, K

KUNST, KULTUR, KREATIVITÄT, SPIRITUALITÄT

Im Haus	verwirklicht:
1	Sagt, wo es langgeht (Karl Marx)
2	Erkennt Essenz
3	Ist, wo was los ist (Oscar Wilde, Nikolaus Kopernikus)
4	Neuen Ideen in zäher Treue verbunden (Marco Polo)
5	Benefiz-Geist (Hans Küng, Käthe Kollwitz)
6	Persönliche Empfindlichkeiten auf dem Prüfstand (Franz Kafka)
7	Kreative Spiritualität (Angelika Hoefler, Jean Cocteau)
8	Kreativitäts-Engineering (Pablo Picasso)
9	Sucht nach der Beweisbarkeit der Inspiration (Immanuel Kant, Johannes Kepler)
10	Überflieger (Jeanne d' Arc, Stephen Hawking)
11	Hier ist die Energie souverän, weil zuhause (Heinrich von Kleist, Kurt Tucholsky)
12	Lebens-Künstler
13	Tragöde, Mystiker
14	Jeder ist eine Schatzinsel (Leonardo da Vinci)
15	Mäzen
16	Spiritueller Lehrer
17	Beliebt wegen guter Beziehungen
18	Der Surrealismus der Spiritualität (Karlfried Graf Dürckheim)
19	Künstlerischer Exhibitionismus
20	Mission in der Kunst oder an der Quelle Spiritualität
21	Prominentenkonstellation
22	Vielbeachtete Spleenigkeit

12
Dienst am Menschen, Opfergeist, Hingabe

Bedeutung der Haus-Energie L

Die Energie steht in Haus 12
und sagt, was in diesem „Zuhause“ möglich ist:
Aufgabe für Mensch oder Natur, Pflichterfüllung. Bescheidenheit, Unterordnung, Verlust, Verzicht, Helfersyndrom, Selbstaufgabe

Tendenzen

Bedeutung der Häufigkeit von L

Es wird die Häufigkeit multipliziert mit der entsprechenden Energie-Zahl; hier: 12.
Es gelten die Zahlen 1-22,
bei einer höheren Zahl gilt deren Quersumme bis 22.

Häufigkeit	Wirksamkeit	Interpretation*
1 x	Bereich 12 (eigener)	Dienst am Menschen, Opfergeist, Hingabe als natürliches Bedürfnis und Selbstverständnis
2 x	Bereich 24 = 6	Prüfungen, Analyse, Forschung; Psychologie; Sexualität. – Neigung zu Zweihundertprozentigkeit
3 x	Bereich 36 = 9	Menschenkenntnis, Weisheit. Herz auf dem rechten Fleck. Verstand auch
4 x	Bereich 48 = 12	Im eigenen Bereich, allerdings mit hoher Übertreibung
5 x	Bereich 60 = 6	Prüfungen, Analyse, Forschung; Psychologie; Sexualität. Übergenauigkeit/Überengagement für Menschen
0 x		Aktivierung der Energien über den Korrespondenz-Faktor 3 (G) = Gemeinschaft, Kommunikation, Konsens: Hilfsbereitschaft, Soziales Engagement, Kooperationswille

*Siehe auch: Studieranhang, Seite 207

Anlagen

Bedeutung der Platz-Energie L

DIENST AM MENSCHEN, OPFERGEIST, HINGABE

Im Haus	verwirklicht:
1	Energie für andere, Vorsicht vor Vereinnahmung!
2	Obrigkeitsdenken; Appell an den aufrechten Gang
3	Will auf allen Hochzeiten gleichzeitig tanzen (Willy Brandt, Helmut Schmidt, Helmut Kohl, Hillary Clinton, Bill Clinton)
4	Tatmensch mit Leib und Seele (Willy Brandt, Hillary/Bill Clinton, Neil Armstrong)
5	Liebe, Sympathie, Humor unter den Füßen (Liselotte Pulver, Angelika Hoefler)
6	Abhängigkeit, Hörigkeit
7	Menschenfischer(Martin Luther, Käthe Kollwitz)
8	Anwalt der Minderprivilegierten(Jean Paul Sartre)
9	Verstehen als komplettes Weltbild (Aristoteles)
10	Klopft sich durch die Wand (Helmut Kohl, Charlie Chaplin)
11	Jordan für Wahrheiten (Heinrich Böll)
12	Hier ist die Energie souverän, weil zuhause (Galileo Galilei, Johannes Kepler, Heinrich von Kleist, Manfred Köhnlechner, Elisabeth Kübler-Ross)
13	Brücke für Nichtschwimmer
14	Mit Volldampf zu neuen Menschheitsaufgaben (Benjamin Franklin)
15	Zepter in der Hand (Niccolo Machiavelli)
16	Medizin für die Menschen – oder Droge (Niccolo Machiavelli)
17	Caritativitätsimplantat
18	Fremdenlegion als leichteste Übung
19	Freude als Geschenk an die Welt
20	Einer hohen Aufgabe geweiht
21	Menschenführung
22	Menschenverführung

13
Verwandlung, Zäsur, Loslassen, Neubeginn, Höheres Wissen

Bedeutung der Haus-Energie M

Die Energie steht in Haus 13
und sagt, was in diesem „Zuhause" möglich ist:
Persönlichkeitswandel, Verwandeln von Situationen,
Einschnitte im Leben, Veränderung, Wechsel im persönlichen Umfeld,
Distanzierungen oder Abschiede, Vertrauen in einen neuen Weg.
Und in der Summe: Loslassen von Altem,
um an tieferes Wissen gelangen zu können

Tendenzen

Bedeutung der Häufigkeit von M

Es wird die Häufigkeit multipliziert mit der entsprechenden Energie-Zahl; hier: 13. Es gelten die Zahlen 1-22, bei einer höheren Zahl gilt deren Quersumme bis 22.

Häufigkeit	**Wirksamkeit**	**Interpretation***
1 x	Bereich 13 (eigener)	Verwandlung, Zäsur, Loslassen, Neubeginn; Höheres Wissen als natürliches Bedürfnis und Selbstverständnis
2 x	Bereich 26 = 8	Kosmische Ordnung, Recht, Gesundheit. Wechsel in der Lebensordnung, z. B. in rechtlichen oder gesundheitlichen Belangen
3 x	Bereich 39 = 12	Dienst am Menschen, Opfergeist, Hingabe. Neigung, sich durch Gutgläubigkeit ausnutzen zu lassen
4 x	Bereich 52 = 7	Überwinden, Gewinnen. Stehaufmännchen
5 x	Bereich 65 = 11	Kunst, Kultur, Kreativität; Spiritualität Spirituelles Wissen aus früheren Inkarnationen
0 x		Aktivierung der Energien über den Korrespondenz-Faktor 4 (D) = Loslaßprozesse, die durch große Entscheidungen/Konsequenzen gemeistert werden

*Siehe auch: Studienanhang, Seite 207

Anlagen

Bedeutung der Platz-Energie M

VERWANDLUNG, ZÄSUR, LOSLASSEN, NEUBEGINN, HÖHERES WISSEN

Im Haus	verwirklicht:
1	Wille weiß weiter: Vertrauen lernen durch Veränderung (Marco Polo, Mahatma Gandhi)
2	Wissen, wann es Zeit ist, weiterzugehen
3	Muß lernen, Kontakte, Beziehungen aufrechtzuerhalten (Jimi Hendrix)
4	Veränderungsfreudigkeit trotz Entscheidungshemmung (Helmut Kohl)
5	Menschen helfen, etwas zu verwandeln oder loszulassen
6	Schwer durchschaubare Handlungen (Giacomo Girolamo Casanova)
7	Der Weg ist das Ziel
8	Wesentliches vom Unwesentlichen trennen (Erich Fromm)
9	Kennt das Leben (Erich Fromm, Nostradamus))
10	Braucht Freiheit für die eigenen Maßstäbe (Wolfgang Amadeus Mozart)
11	Begegnung von altem und neuem Wissen
12	Andere durch das Lebenstal geleiten (Eugen Drewermann)
13	Hier ist die Energie souverän, weil im eigenen Haus. Der Mensch begegnet sich selbst (Johannes Brahms, Gerhart Hauptmann, Bernhard Grzimek)
14	Siebenmeilenstiefel (Giacomo Girolamo Casanova)
15	Geheime Macht und Mächte
16	Schmerzreiches Suchen nach Richtigkeit, Wahrhaftigkeit
17	Menschen eine Chance geben
18	Transformieren von Reduktionskräften
19	Harmonisieren lernen
20	Wiederbegegnung und Wiederloslassen von Situationen und Menschen
21	Geheimnisvolle Erfolge; wie es da drin aussieht, geht niemand was an
22	Medialität, Beeinflußbarkeit (Karlfried Graf Dürckheim)

14
Disziplin, Vorbild, Pionierarbeit

Bedeutung der Haus-Energie N

Die Energie steht in Haus 14
und sagt, was in diesem „Zuhause“ möglich ist:
Zähigkeit, Zuverlässigkeit, Genauigkeit. Neuland betreten, Erfindertum.

Tendenzen

Bedeutung der Häufigkeit von N

Es wird die Häufigkeit multipliziert mit der entsprechenden
Energie-Zahl; hier: 14
Es gelten die Zahlen 1-22,
bei einer höheren Zahl gilt deren Quersumme bis 22.

Häufigkeit	Wirksamkeit	Interpretation*
1 x	Bereich 14 (eigener)	Disziplin, Vorbild; Pionierarbeit als natürliches Bedürfnis und Selbstverständnis
2 x	Bereich 28 = 10	Freiheit, Reisen, Veränderung, Reform. Frischer Wind im Pionier-Geist
3 x	Bereich 42 = 6	Prüfungen, Analyse, Forschung; Psychologie; Sexualität. Paradies für Forschung
4 x	Bereich 56 = 11	Kunst, Kultur, Kreativität; Spiritualität. Künstler oder Förderer von Künstlern und/oder spiritueller Kultur
5 x	Bereich 70 = 7	Überwinden, Gewinnen. Trifft ins Schwarze
0 x		Aktivierung der Energien über den Korrespondenz-Faktor 5 (E) = Liebe, Heilsames Be-Wirken, Religio(n). Das Ziel, etwas be-wirken zu wollen, als disziplinierende Kraft

*Siehe auch: Studieranhang, Seite 208

Anlagen

Bedeutung der Platz-Energie N

DISZIPLIN, VORBILD; PIONIERARBEIT

Im Haus	verwirklicht:
1	Erster sein, oben sein (Neil Armstrong)
2	Kluges Tüfteln, Forschernase
3	Teamgeist, Primus inter pares (Renate Schmidt)
4	Selbstverwirklichung durch Beispielgeben (John Lennon)
5	Sensitivität, Phantasienaturheilsamkeitsreligio(n)
6	Muß Erkenntnisse leben und sie kommunizieren (Martin Luther, Uta Ranke-Heinemann, Sigmund Freud)
7	Gewinnernatur durch Pionierfleiß (John Lennon)
8	Vorbildcharakter, wo es um eine höhere Ordnung geht (John Lennon, John F. Kennedy)
9	Lehrmeister mit verschiedenen Schichten (Albert Einstein)
10	Rad neu erfinden (Erich von Däniken, John Lennon)
11	Sensible Kreativität, Gespür für das, was richtig ist (Heinz Rühmann)
12	Erfüllt von einer Menschheitsaufgabe (Hildegard von Bingen, Stephen Hawking, Uta Ranke-Heinemann)
13	Raupe muß Schmetterling werden
14	Hier ist die Energie souverän, weil im eigenen Haus. Mit eiserner Disziplin Pionierarbeit leisten. (Albert Einstein, Erich von Däniken, Hillary Clinton, Eugen Drewermann)
15	Mit Kompetenz an die Spitze (Eugen Drewermann, George Washington)
16	Durch Prüfungen Disziplin lernen (Wilhelm Conrad Röntgen)
17	Idealismus-Antrieb
18	Unterwegs in besonderer Mission (Hildegard von Bingen)
19	Vorbildleistung zur Erbauung der Menschen (Rainer Werner Fassbinder)
20	Das Erbe früherer Leben als Mission (Wilhelm Conrad Röntgen, Giacomo Girolamo Casanova)
21	Aufstehen, Karriere machen! (Elisabeth Noelle-Neumann-Maier-Leibnitz)
22	Prophetie

15

Einfluß, Selbstverwirklichung

Bedeutung der Haus-Energie X

Die Energie steht in Haus 15
und sagt, was in diesem „Zuhause" möglich ist:
Charme, Ausstrahlung, Wirkung, Einfluß.
Selbstverwirklichung. Kompetenz.
Aber auch Neigung zu Dominanz, Macht und Machtmißbrauch.

Tendenzen

Bedeutung der Häufigkeit von X

Es wird die Häufigkeit multipliziert mit der entsprechenden
Energie-Zahl; hier: 15
Es gelten die Zahlen 1-22,
bei einer höheren Zahl gilt deren Quersumme bis 22.

Häufigkeit	Wirksamkeit	Interpretation*
1 x	Bereich 15 (eigener)	Einfluß, Selbstverwirklichung als natürliches Bedürfnis und Selbstverständnis
2 x	Bereich 30 = 3	Gemeinschaft, Kommunikation, Konsens. Tendenz der Einflußnahme auf andere
3 x	Bereich 45 = 9	Menschenkenntnis, Weisheit. Tendenz zum Weisheitslehrer, schmaler Grat zum Machtmißbrauch
0 x		Aktivierung der Energien über den Korrespondenz-Faktor 6 (U/Ü, V, W) = Prüfungen, Analyse, Forschung, Psychologie; Sexualität Bedenken wir, daß auch Wissen Macht ist ...

*Siehe auch: Studieranhang, Seite 208

Anlagen

Bedeutung der Platz-Energie X

EINFLUSS, SELBSTVERWIRKLICHUNG

Im Haus	**verwirklicht:**
1	Machtwille (Xanthippe, Xenokrates, Xerxes)
2	Wissen als Machtinstrument (Axel Springer)
3	Ausstrahlung, Einfluß auf die Gesellschaft (Max Bruch, Max Planck)
4	Mächtigkeit, Manipulation (Xerxes, Alexander Graf Cagliostro)
5	Abhängigkeiten schaffen
6	Bestimmen von Wertekriterien
7	Unbeirrbarkeit (Rosa Luxemburg)
8	Rechte durchsetzen (Karl Marx)
9	Psychologische Menschenführung (Richard Nixon)
10	Wirken durch Selbstverwirklichung
11	Idol, Einfluß auf Stil- oder Kunstrichtung (Jimi Hendrix)
12	Ohnmacht gegenüber Anforderungen
13	Unsichtbare Mächte im Spiel
14	Vorbild
15	Hier ist die Energie souverän, weil im eigenen Haus: Mit Macht an die Macht
16	Lehrt Menschen Lernen (Antoine de Saint Exupery)
17	Gewußt: wer. Große Verbündungen
18	Das Gewitter persönlich
19	Massenwirkung
20	Besondere Erdenmission
21	Nichts ist erfolgreicher als der Erfolg
22	Dämonie

16
Einweihungsweg
Lehren, Beraten, Erziehen, Therapieren

Bedeutung der Haus-Energie O/Ö

Die Energie steht in Haus 16
und sagt, was in diesem „Zuhause“ möglich ist:
Lernweg in die Authentizität. Nach Meisterung schwieriger Lebensaufgabe oft Wechsel in Beruf, der mit Lehren, Beraten, Erziehen oder Therapieren zu tun hat.

Tendenzen

Bedeutung der Häufigkeit von O/Ö

Es wird die Häufigkeit multipliziert mit der entsprechenden
Energie-Zahl; hier: 16
Es gelten die Zahlen 1-22,
bei einer höheren Zahl gilt deren Quersumme bis 22.

Häufigkeit	Wirksamkeit	Interpretation*
1 x	Bereich 16 (eigener)	Einweihungsweg; Lehren, Beraten, Erziehen, und/oder Therapieren als natürliches Bedürfnis und Selbstverständnis
2 x	Bereich 32 = 5	Liebe, Heilsames Be-Wirken, Religio(n). Sturzflug auf Helferaufgaben
3 x	Bereich 48 = 12	Dienst am Menschen, Opfergeist, Hingabe. Salto mortale für die Menschheit
4 x	Bereich 64 = 10	Freiheit, Reisen, Veränderung, Reform. Neue Methoden entdecken
5 x	Bereich 80 = 8	Kosmische Ordnung, Recht, Gesundheit. Gut navigierte Berufs-Persönlichkeit
0 x		Aktivierung der Energien über den Korrespondenz-Faktor 7 (Z) = Überwinden, Gewinnen: Positive Einstellung und Erfahrung effizient vermitteln

*Siehe auch: Studieranhang, Seite 208

Anlagen

Bedeutung der Platz-Energie O/Ö

EINWEIHUNGSWEG
LEHREN, BERATEN, ERZIEHEN, THERAPIEREN

Im Haus	**verwirklicht:**
1	Mischung zwischen Überzeugungskünstler und Drachenkämpfer (Oskar Lafontaine)
2	Wissen direkt oder indirekt weitergeben (Homer, Nostradamus)
3	Braucht geistige Berührung
4	Entscheidungsträger (Yoko Ono)
5	Mit Authentizität für Großes eintreten(Hippokrates, Marco Polo)
6	Chaosforscher in eigener Sache (Aristoteles, Ingeborg Bachmann)
7	Verschafft sich Respekt (Napoleon Bonaparte, Joseph Fouché)
8	Richtschnur (Richard von Weizsäcker)
9	Denkt erstmal von Pontius nach Pilatus
10	Revolutionierende Ideen (Isaac Newton,Virginia Woolf, Angelika Hoefler,Nikolaus Kopernikus)
11	Subtile Kommunikationsziele
12	Dienen als Weg des Herrschens
13	Nichts Menschliches fremd (Annette von Droste-Hülshoff)
14	Erfindungsgeist, öffentliches Lehren (Simone de Beauvoir)
15	Schafft sich eigene Domäne (Wilhelm Conrad Röntgen)
16	Hier ist die Energie souverän, weil im eigenen Haus. (Elisabeth Kübler-Ross, Johann Wolfgang von Goethe)
17	Soziale Institution (Wolfgang Amadeus Mozart)
18	Keine Angst vor nix
19	Eingeweihter, beliebt durch seine Lehren (Johann Wolfgang von Goethe, Alexander Graf Cagliostro)
20	Weltveränderer
21	Prominentenkonstellation
22	Sehr geprüft, sehr weit, sehr weitblickend (Annette von Droste-Hülshoff)

17
Freundschaft, Soziale Aufgabe

Bedeutung der Haus-Energien P, PH, F

Die Energien stehen in Haus 17
und sagen, was in diesem „Zuhause“ möglich ist:
Freundschaft, Loyalität, Frieden, Ehrlichkeit, Gutmütigkeit,
Langmütigkeit, Nächstenliebe, Sozial-Arbeit, öffentliche Aufgabe

Tendenzen

Bedeutung der Häufigkeit von P, PH, F

Es wird die Häufigkeit multipliziert mit der entsprechenden
Energie-Zahl; hier: 17
Es gelten die Zahlen 1-22,
bei einer höheren Zahl gilt deren Quersumme bis 22.

Häufigkeit	**Wirksamkeit**	**Interpretation***
1 x	Bereich 17 (eigener)	Freundschaft, Soziale Aufgabe als natürliches Bedürfnis und Selbstverständnis
2 x	Bereich 34 = 7	Überwinden, Gewinnen. Hilft Hürden nehmen
3 x	Bereich 51 = 6	Prüfungen, Analyse, Forschung, Psychologie; Sexualität. Freundschaft, die prüft und geprüft wird
4 x	Bereich 68 = 14	Disziplin, Vorbild, Pionierarbeit. Nase vorn bei Hilfsaktionen
5 x	Bereich 85 = 13	Verwandlung, Zäsur, Loslassen, Neubeginn; Höheres Wissen. Freunde sorgfältig wählen!
0 x		Aktivierung der Energien über den Korrespondenz-Faktor 8 (H, CH) = Kosmische Ordnung, Recht, Gesundheit. Integrität in die Waagschale werfen

*Siehe auch: Studieranhang, Seite 209

Anlagen

Bedeutung der Platz-Energien P, PH, F

FREUNDSCHAFT, SOZIALE AUFGABE

Im Haus	**verwirklicht:**
1	Energie für Effizienz (Platon, Pythagoras)
2	Rarität: Wissen, Wollen und Können in einer Person (Epikur)
3	Menschen als Aufgabe und Lebensinhalt (Sophia Loren)
4	Entscheidungshandeln, Sozial-Interessen (Manfred Köhnlechner)
5	Hohe ethische Verantwortung, Politisches Kalkül (Joseph Fouché, John F. Kennedy, Karlfried Graf Dürckheim)
6	Krisenintervention (Asklepios)
7	Stab und Stecken in der Dunkelheit
8	Sehr persönliches Ordnungsbild (Sigmund Freud)
9	Der alte Mann mit weißem Bart und Buch des Lebens
10	Barrikadenkletterer für andere
11	Knotenlöser (Edgar Allan Poe)
12	Bernhardiner (Angelika Hoefler)
13	Wechselvolle Beziehungen und Verbindungen(Hildegard Knef, Rainer Werner Fassbinder)
14	Unkonventionelle, originelle Hilfe
15	Persönlicher Magnetismus
16	Kohlen-aus-dem-Feuer-Holer
17	Hier ist die Energie souverän, weil im eigenen Haus
18	Lebensminen-Entschärfer (Antoine de Saint-Exupery)
19	Schiedsmann
20	Alte Freunde, alte Fähigkeiten
21	Schutzschild für den Erfolg
22	Geführtwerden zu Menschen und Aufgaben

18

Extreme
Einsatz für lebenswichtige Belange

Bedeutung der Haus-Energien SCH, SH, TS, TZ

Die Energien stehen in Haus 18
und sagen, was in diesem „Zuhause“ möglich ist:
Konfrontation von Unwissenheit, Unrichtigkeit, Ungerechtigkeit, Egoismus, Krankheit, Kriminalität, Gefahr, Lebensgefahr. Prüfungen und/oder Aufgaben, die sehr viel Mut und Stärke erfordern

Tendenzen

Bedeutung der Häufigkeit von SCH, SH, TS, TZ

Es wird die Häufigkeit multipliziert mit der entsprechenden
Energie-Zahl; hier: 18.
Es gelten die Zahlen 1-22,
bei einer höheren Zahl gilt deren Quersumme bis 22.
Die Ausführungen zur korrespondierenden Energie
9 (T), Seite 96, gelten hier analog.

Häufigkeit	Wirksamkeit	Interpretation*
1 x	Bereich 18 (eigener)	Extreme, Einsatz für lebenswichtige Belange als natürliches Bedürfnis und Selbstverständnis
2 x	Bereich 36 = 9	Menschenkenntnis, Weisheit. Intime Katastrophenkenntnis und kluger Umgang hiermit
3 x	Bereich 54 = 9	Menschenkenntnis, Weisheit. Katastrophenbewältigung
0 x		Aktivierung der Energien über den Korrespondenz-Faktor 9 (T) = Menschenkenntnis, Weisheit: Durch Lern- und Leid-Erfahrung Befähigung, anderen in Extrem-Situationen beizustehen

*Siehe auch: Studieranhang, Seite 209

Anlagen

Bedeutung der Platz-Energien SCH, SH, TS, TZ

EXTREME, EINSATZ FÜR LEBENSWICHTIGE BELANGE

Im Haus	verwirklicht:
1	Braucht Herausforderung
2	Intellektuelle Auseinandersetzung mit den Unmöglichkeiten der Welt
3	Ärmel aufgekrempelt und rein in den Schlamassel
4	Innerer Ziviler Bevölkerungsschutz
5	Gefahr für heilige emotionale Werte (Romy Schneider)
6	Extreme Konfliktfähigkelt (Alice Schwarzer)
7	Selbst Feuer spucken und den Drachen verblüffen (Holmut Schmidt)
8	Extrem-Einsatz für Recht oder Gesundheit (Mildred Scheel)
9	Weil sein kann, was nicht sein darf-Denken (George Washington)
10	Revolution als Blitzableiter (Margarethe Schreinemakers)
11	Wehes Aushaltenmüssen (Käthe Kollwitz, Albert Schweitzer, Else Lasker-Schüler)
12	Unter der Welt leiden (Friedrich Nietzsche)
13	An der Welt zerbrechen (Friedrich Nietzsche)
14	Das Gegen-Pulver erfinden
15	Einfluß geltend machen für das Gute
16	Mit Lebenserfahrung in die Katastrophe (Elisabeth Flickenschildt)
17	Lazarett auf Beinen
18	Hier ist die Energie souverän, weil im eigenen Haus
19	Weil nicht sein kann, was nicht sein darf-Denken
20	Mission
21	David gegen Goliath
22	Kein Kommentar. Die Autorin lädt Sie zu einer Beratung ein

19
Harmonie, Freude, Humor

Bedeutung der Haus-Energie Q

Die Energie steht in Haus 19
und sagt, was in diesem „Zuhause“ möglich ist:
Zufriedenheit, Glück, Liebenswürdigkeit, Liebenswertes, Positivität, Ausgeglichenheit, Schönheit

Tendenzen

Bedeutung der Häufigkeit von Q

Es wird die Häufigkeit multipliziert mit der entsprechenden Energie-Zahl; hier: 19.
Es gelten die Zahlen 1-22,
bei einer höheren Zahl gilt deren Quersumme bis 22.

Häufigkeit	Wirksamkeit	Interpretation*
1 x	Bereich 19 (eigener)	Harmonie, Freude, Humor als natürliches Bedürfnis und Selbstverständnis
2 x	Bereich 38 = 11	Kunst, Kultur, Kreativität, Spiritualität. Kabarett, Zirkus als Berufsempfehlung
3 x	Bereich 57 = 12	Dienst am Menschen, Opfergeist, Hingabe. Frohnaturverbreitungsmanie
4 x		Wenn Sie mehr als 3 Q im Namen hätten, könnten Sie das Lachen nicht mehr sein lassen
0 x		Das kommt vor. Aktivierung der Energien über den Korrespondenz-Faktor 10 (I,J,Y) = Freiheit, Reisen, Veränderung, Reform. Austausch mit positiven Menschen

*Siehe auch: Studieranhang, Seite 209

Anlagen

Bedeutung der Platz-Energie Q

HARMONIE, FREUDE, HUMOR

Im Haus verwirklicht:

1 Sinn für das Schöne
2 Anthrazitfarbener bis Schwarzer oder gleich Englischer Humor
3 Alleinunterhalter
4 Freude ist Arbeit, und Arbeit ist Freude (Jacques Offenbach)
5 Mit Leib und Seele Schauspieler am Lebenstheater (Will Quadflieg)
6 Fragt: „Kennen Sie den?“ und erzählt die Pointe zuerst
7 Kam, sah und siegte (Anthony Quinn, Helmut Qualtinger)
8 Gesetz für Harmonie schaffen (Jean-Jacques Rousseau)
9 Das Gute als Lebensphilosophie
10 Menschen glücklich machen (Salvatore Quasimodo)
11 Kunstverstand
12 Lachen und Weinen zusammen
13 Glück und Glas ...
14 Erfinderisch im Freudemachen
15 Unwiderstehlichkeit
16 Humor „muß“ sein!
17 Humor auf Verwandtenbesuch
18 Balsam für die Seele
19 Hier ist die Energie souverän, weil im eigenen Haus
20 Begnadeter Künstler
21 Hans im Glück
22 Träumer

20

Karmische Wiederbegegnung
Frühere Fähigkeiten, Mission

Bedeutung der Haus-Energie R

Die Energie steht in Haus 20
und sagt, was in diesem „Zuhause“ möglich ist:
Wiederbegegnen von Menschen, die sich in (einem) früheren Leben gekannt und die heute eine Aufgabe aneinander oder miteinander haben. Déjà-vu-Erlebnisse. Erdenmission. Sogenannte Wunderkinder. Talente aus früheren Leben, um heute damit spezielle (evtl. ganz andere) Aufgaben zu erfüllen. Verbindung zu einer hohen früheren Inkarnation. R hat eine Vorrangstellung gegenüber den anderen Energien und kann an jedem Platz wie eine Haus-Energie gelebt werden.
R bringt uns immer in Kontakt mit Gaben/Aufgaben aus Präinkarnationen.

Tendenzen

Bedeutung der Häufigkeit von R

Es wird die Häufigkeit multipliziert mit der entsprechenden Energie-Zahl; hier: 20. Es gelten die Zahlen 1-22, bei einer höheren Zahl gilt deren Quersumme bis 22.

Häufigkeit	Wirksamkeit	Interpretation*
1 x	Bereich 20 (eigener)	Karmische Wiederbegegnung, Frühere Gaben/Aufgaben, Mission als natürliches Bedürfnis und Selbst(un)verständnis
2 x	Bereich 40 = 4	Tat, Handeln, Arbeit, Geld; Entscheidung. Beruf, der einer intelligenten Aufgabe aus früherer Inkarnation entspricht oder zumindest verwandt ist
3 x	Bereich 60 = 6	Prüfungen, Analyse, Forschung, Psychologie; Sexualität. Lebensreife-Prüfung und Studium neuer Möglichkeiten, mit altem Wissen zu arbeiten
4 x	Bereich 80 = 8	Kosmische Ordnung, Recht, Gesundheit. Arbeit für einen Aspekt oder mehrere Aspekte der Göttlichen Ordnung
5 x	Bereich 100 = 1	Wille, Energie. Dynamisches Willens- und Energie-Potential, das für Natur, Kunst, Religion oder Heilung eingesetzt wird

0 x	Aktivierung der Energien über den Korrespondenz-Faktor 2(B) = Wissen, Intellekt. Altes Wissen wird benannt durch die Platz-Energie

*Siehe auch: Studieranhang, Seite 210

Anlagen

Bedeutung der Platz-Energie R

KARMISCHE WIEDERBEGEGNUNG FRÜHERE FÄHIGKEITEN, MISSION

Sät oder erntet aus früheren Leben

Im Haus

1	Wille, Energie (Robert Koch)
2	Wissen, Intellekt (Archimedes, Christa Wolf)
3	Gemeinschaft, Kommunikation, Konsens
4	Tat, Handeln, Arbeit, Geld, Entscheidung (Spartacus, Henry Ford, Alfred Nobel, Henri Dunant)
5	Liebe, Heilsames Be-Wirken; Religio(n) (Homer, Nostradamus, Robert Koch, Oscar Wilde)
6	Prüfungen, Analyse, Forschung, Psychologie, Sexualität (Plutarch, Epikur, Carl Orff, Anne Frank, Erich Fromm)
7	Überwinden, Gewinnen (Karl Marx)
8	Kosmische Ordnung, Recht, Gesundheit
9	Menschenkenntnis, Weisheit (Jeanne d' Arc, Konrad Lorenz)
10	Freiheit, Reisen, Veränderung, Reform
11	Kunst, Kultur, Kreativität, Spiritualität (Alfred Adler, Romy Schneider)
12	Dienst am Menschen, Opfergeist, Hingabe
13	Verwandlung, Zäsur, Loslassen, Neubeginn; Höheres Wissen (Rudolf Steiner)
14	Disziplin, Vorbild, Pionierarbeit (Alois Alzheimer, Konrad Adenauer, Margaret Thatcher)
15	Einfluß, Selbstverwirklichung
16	Einweihungsweg; Lehren, Beraten, Erziehen, Therapieren
17	Freundschaft, Soziale Aufgabe
18	Extreme, Einsatz für lebenswichtige Belange
19	Harmonie, Freude, Humor
20	Hier ist die Energie souverän: Hohe Re-Inkarnation mit Erdenmission (Antoine de Saint-Exupery, Wolfgang Amadeus Mozart, Henri Toulouse-Lautrec, Margarethe Schreinemakers)
21	Erfolg, Fortschritt, Positivität
22	Astralwirken, Sensitivität, Nonkonformismus

21
Erfolg, Fortschritt, Positivität

Bedeutung der Haus-Energie S

Die Energie steht in Haus 21
und sagt, was in diesem „Zuhause" möglich ist:
Chancen, Karriere, Entwicklung, Resonanz, Ansehen, Ehre, Ruhm.
Konstruktivität, Aufbau, Expansion.

Tendenzen

Bedeutung der Häufigkeit von S

Es wird die Häufigkeit multipliziert mit der entsprechenden Energie-Zahl; hier: 21
Es gelten die Zahlen 1-22,
bei einer höheren Zahl gilt deren Quersumme bis 22.

Häufigkeit	Wirksamkeit	Interpretation*
1 x	Bereich 21 (eigener)	Erfolg, Fortschritt, Positivität als natürliches Bedürfnis und Selbstverständnis
2 x	Bereich 42 = 6	Prüfungen, Analyse, Forschung, Psychologie; Sexualität. Mit analytischem Verstand zum Erfolg
3 x	Bereich 63 = 9	Menschenkenntnis, Weisheit. Ansehen durch Hinsehen bei den Menschen
4 x	Bereich 84 = 12	Dienst am Menschen, Opfergeist, Hingabe. Chancen durch Dienstleistungen
5 x	Bereich 105 = 6	Mit Akribie den Erfolg planen
0 x		Aktivierung der Energien über den Korrespondenz-Faktor 3 (G) = Gemeinschaft, Kommunikation, Konsens. Kontakte pflegen

*Siehe auch: Studieranhang, Seite 210

Anlagen

Bedeutung der Platz-Energie S

ERFOLG, FORTSCHRITT, POSITIVITÄT

Im Haus	verwirklicht:
1	Geltungsverständnis
2	Zukunftsideen (Asklepios, Isaac Newton)
3	Steht in der Öffentlichkeit
4	Arbeitstier (Krö-s-us z. B. soll es genützt haben)
5	Privatleben in den Terminkalender schreiben
6	Neugierig auf den Erfolg
7	Ruhm kostet
8	Engagement für den Fortschritt (Paracelsus, Johannes Gutenberg, Neil Armstrong, Johannes Kepler, Nikolaus Kopernikus)
9	Durch den Tunnel ins Licht (Nelly Sachs)
10	Einsatz für Freiheit und Reformen (Theodor Heuss, Albert Einstein, Otto von Bismarck)
11	Einfluß auf eine Kulturepoche (Albert Camus, Günter Grass, Maria Callas, Enrico Caruso, Marcel Proust)
12	Prominentenkonstellation (Guy de Maupassant, Barbra Streisand,Leonard Bernstein)
13	Lernen, Neuanfängen zu vertrauen
14	Mit Disziplin nach oben (Richard von Weizsäcker, Johannes Brahms)
15	Charismacht (Maximilien Robespierre, Wolfgang Amadeus Mozart)
16	Löst die Probleme der anderen
17	Ansehen durch großes soziales Engagement (Elisabeth Kübler-Ross)
18	Geistiges Fallschirmspringen (Elisabeth Kübler-Ross; Karlheinz Stockhausen, Giacomo Girolamo Casanova)
19	Komödiantentalent
20	Große Aufgaben, große Erfolge
21	Hier, im Hause des Erfolgs, ist die Energie souverän: Gipfel erreichen (Margarethe Schreinemakers)
22	Science-Fiction-Leben (Friedensreich Hundertwasser)

22
Astralwirken
Sensitivität
Nonkonformismus

Bedeutung der Haus-Energie TH

Die Energie steht in Haus 22
und sagt, was in diesem „Zuhause“ möglich ist:
Visionen, Träume, Medialität, Außersinnliche Wahrnehmung,
Genialität, Illusionen.

Tendenzen

Bedeutung der Häufigkeit von TH

Es wird die Häufigkeit multipliziert mit der entsprechenden
Energie-Zahl; hier: 22
Es gelten die Zahlen 1-22,
bei einer höheren Zahl gilt deren Quersumme bis 22.

Häufigkeit	Wirksamkeit	Interpretation*
1 x	Bereich 22 (eigener)	Astralwirken, Sensitivität, Nonkonformismus als natürliches Bedürfnis und Selbstverständnis
2 x	Bereich 44 = 8	Eigenwilligkeit in Ordnungsfragen
3 x	Bereich 66 = 12	Dienst am Menschen, Opfergeist, Hingabe. Mediale Veranlagung
0 x		Aktivierung der Energien über den Korrespondenz-Faktor 4 (D) = Tat, Handeln, Arbeit, Geld; Entscheidung. Aber Vorsicht, wenn ...

*Siehe auch: Studieranhang, Seite 211

Anlagen

Bedeutung der Platz-Energie TH

ASTRALWIRKEN
SENSITIVITÄT
NONKONFORMISMUS

Im Haus	verwirklicht:
1	Theodorismus: Will Genialität (Thomas Mann, Thomas Alva Edison, Theodor Heuss)
2	Kollision von zwei Unsichtbaren: Inspiration und Verstand
3	Kommuniziert Geniales (Anthony Quinn, Anthony Perkins, Pythagoras, Käthe Kollwitz, Arthur Schopenhauer)
4	Außergewöhnliche Entscheidungen (Xanthippe, Edith Piaf, Edith Stein, Bertha von Suttner, Agatha Christie)
5	Liebt die großen Träume (Jonathan Swift)
6	Prüfet die Geister, diesseits und jenseits
7	Tausendsassa
8	Kennt immer einen Weg (Elisabeth Kübler-Ross, Margarethe von Trotta, Margarethe Schreinemakers, Elisabeth Noelle-Neumann-Maier-Leibnitz)
9	Nonkonformes, vorausschauendes Handeln (Martin Luther, Margaret Thatcher)
10	Reif für die Insel
11	Kreativitäts-Salto
12	Hingabe an Inspirationen (Paul Hindemith)
13	Zwischen zwei Welten
14	Futuristische Lebensgestaltung
15	Geheimnisvolle Macht über Menschen
16	Seiltanz zwischen Realität und Irrealität (Patricia Highsmith)
17	Unbegreifliche Vorlieben und Kontakte
18	Als Dummie durchs Leben
19	Springbrunnenlaune
20	Ferngesteuert
21	Hochseilakrobatik (Johann Wolfgang von Goethe)
22	Hier ist die Energie souverän: Nicht auszudenken, was geschehen kann!

Teil II

Individuelle Persönlichkeit

Wenn zwei das gleiche tun, ist es noch lange nicht dasselbe
Wie sich buchstäblich die Persönlichkeit aus dem Namen herausschälen läßt

- Die Charakterschalen
- Wirkungsbereiche und Ebenen der einzelnen Charakterschalen
- Charakterkern
- Aufbau des Denkens und Denkpotential
- Aufbau des Handelns und Handlungspotential
- DAS CHARAKTER-DIA

Interpretationen A - TH

Einleitung
22 x 22 Interpretationen

Wenn zwei das gleiche tun, ist es noch lange nicht dasselbe

Bestimmte Buchstaben unseres Namens offenbaren, wie wir denken. Andere wiederum lassen erkennen, wie wir handeln.

Alle diese Buchstaben nehmen in unserem Namen bestimmte Plätze ein.

Wir können also feststellen, ob und wie Denken und Handeln miteinander in Einklang stehen – und wir können ahnen, was sich hieraus ergibt. Ich sage: ahnen und nicht: wissen, denn der Mensch ist in seiner Entscheidung frei. Wir wissen nicht, wieviel Gebrauch jemand von seinem Denkpotential macht und ob er sein Handlungspotential voll ausschöpft. Der Mensch ist schließlich auch frei, sich in seiner Entscheidung beeinflussen zu lassen oder auf eigene Faust gänzlich konträr zu seinen Möglichkeiten zu leben. Kommt letzteres für ihn nicht infrage, gilt das Folgende:

Generell sagen der erste und der letzte Buchstabe und bei den verbleibenden dann wieder der erste und der letzte Buchstabe und wiederum der dann erste und letzte Buchstabe usw., bis zur Mitte des Namens, etwas über die Art und Weise unseres Denkens und Handelns aus.

So schält sich gewissermaßen nach und nach die **individuelle Persönlichkeit** heraus. Ich nenne dies die **Charakterschalen**, denn mit dieser Betrachtungsmöglichkeit eines Namens lernen wir einen Menschen buchstäblich bis in sein Innerstes kennen.

Als Basis für jede weitere Interpretation arbeiten wir nun mit der Verbindung von erstem Buchstaben und letztem Buchstaben des Namens, also mit der äußersten, der ersten Charakterschale.

Und wir sehen, daß alle Angelikas dieser Welt vielleicht in manchen Dingen gleich handeln mögen, nichtsdestoweniger hier aber ein anderes Denken, ein anderes Motiv zugrundeliegt. Und da Gedanken nun einmal Bildekräfte sind, bestimmen sie auch den Grad des Erfolges für unser Handeln.

Wenn zwei das gleiche tun, ist es deshalb immer wieder spannend, warum noch lange nicht dasselbe dabei herauskommt.

Wie sich buchstäblich die Persönlichkeit aus dem Namen herausschälen läßt

Jeder Name hat 4 Unterscheidungsbereiche:

1. den/die Mittelbuchstaben
2. die Buchstaben rechts der Namensmitte
3. die Buchstaben links der Namensmitte
4. die Buchstabenpaare, die nacheinander aus dem jeweils äußersten rechten und äußersten linken Buchstaben gebildet werden

Mittelbuchstaben nennen

- den Charakterkern

Alle Buchstaben **rechts** der Namensmitte nennen

- nacheinander von außen nach innen gelesen: unseren Denkaufbau,
- in der Quersumme (von 1 - 22) des Gesamtwertes: unser Denkpotential.

Alle Buchstaben **links** der Namensmitte nennen

- nacheinander von außen nach innen gelesen: unseren Handlungsaufbau,
- in der Quersumme (von 1 - 22) des Gesamtwertes: unser Handlungspotential

Erste <u>und</u> letzte Buchstaben (Buchstabenpaare) nennen

- unsere Charakterschalen:
  - die Wirkungsebene der jeweiligen Charakterschale (ggf. Korrespondenzen)
  - die Beschaffenheit der Charakterschale
  - paarweise von außen nach innen gelesen: den Charakteraufbau
  - in der Quersumme (von 1 - 22) des Gesamtwertes jeder Schale: den Wirkungsbereich

Die Charakterschalen

Wenn wir einen Menschen ganz und gar kennenlernen wollen, werden wir nicht allein das Äußere betrachten und davon dann auf das Innere schließen. Das gilt auch für seinen Namen. Das Innere, der Kern, ist durch die einzelnen ihn umgebenden, die Außen-Energien geschützt. Wenn wir uns mit Respekt diesem Kern nähern, Schale für Schale, erkennen wir den ganzen Menschen.

Erste und letzte Buchstaben Charakterschalen

Wir bilden aus dem äußersten **rechten Buchstaben,** der das **Denken** repräsentiert, und aus dem äußersten **linken Buchstaben,** der das **Handeln** repräsentiert, ein Buchstabenpaar. Dieses **1. Buchstabenpaar** ist die **1. Charakterschale** des Menschen. Sie sagt, wie jemand „nach außen am sichtbarsten" denkt und handelt.

Danach bilden wir aus dem nächstäußersten rechten und dem nächstäußersten linken Buchstaben das 2. Buchstabenpaar und damit die 2. Charakterschale. Dann die 3., dann die 4. usw., je nach Länge des Namens.

Ist der jeweils erste und/oder letzte Buchstabe ein Doppelbuchstabe (z. B. SCH, PH), so gilt er auch hier als 1 Buchstabe.

Wieder benutzen wir die 22er-Terminologie.

Und ich darf Ihnen schon einmal eine Arbeit abnehmen und stelle mich selbst als Forschungsobjekt vor.

Beispiel:
ANGELIKA HOEFLE**R**
Denken: Letzter Buchstabe **R = 20**/Karmische Wiederbegegnung, Frühere Fähigkeiten, Mission.
Handeln: Erster Buchstabe **A = 1**/Wille, Energie

Denken und Handeln **jeder Charakterschale** ist den **Wirkungsebenen 1 bis 22** bzw. ggf. den Korrespondenzen **zugeordnet,** und so gehört die **1. Charakterschale** primär zur **Wirkungsebene 1/Wille, Energie,** sekundär zur Wirkungsebene 10/Freiheit, Reisen, Veränderung, Reform.

Da nur wenige Namen von einer Länge sind, daß sie mehr als 10 Charakterschalen haben und damit auch nur wenige Wirkungsebenen berühren würden, kann es hilfreich sein, auch die sekundäre Wirkungsebene in die Interpretation mit einzubeziehen.

Wirkungsbereiche und Ebenen

Durch **Addieren der Zahlenwerte** der beiden Buchstaben einer Charakterschale erhalten wir Auskunft darüber, welchen **Wirkungsbereich** sie hat.

Beispiel:
ANGELIKA HOEFLE**R**

	A =	**1**	=	Handeln in 1/ Wille, Energie
+	**R** =	**20**	=	Denken in 20/Karmische Wiederbegegnung, Frühere Fähigkeiten, Mission
	=	**21**	=	**Wirkungsbereich 21** /Erfolg, Fortschritt, Positivität

Die **Reihenfolge** der Charakterschalen **nennt** die jeweils zugehörige **Wirkungsebene**. Sie sagt, welches Thema das Potential der Schale im jeweiligen Wirkungsbereich berührt.

Beispiel
Die 1. **Charakterschale** sagt,

a) welchen **Wirkungsbereich** das Potential aus Denken und Handeln findet und

b) auf welcher Ebene = unter welchem Thema es gelebt wird. Bei der **1. Schale** ist dies die **1. Ebene** = die **Ebene** von **1**/Wille, Energie.

Das Potential der 1. Schale wird also immer in die Energie gesteckt.

Die **2. Charakterschale** betrifft demnach immer die **Ebene** von **2**/Wissen, Intellekt,

die **3. Charakterschale** wird unter dem Thema der **Ebene 3/**Kommunikation**,** Gemeinschaft, Konsens gelebt. Undsoweiter.

Das heißt: soweit es Charakterschalen gibt.

Es gibt immer 22 Ebenen

Bei kurzen Namen gibt es – direkt erkennbar – nur wenige Charakterschalen. Jemand, der z. B. einen Namen mit 5 Buchstaben und somit nur 2 Schalen/Ebenen hat, wird sich fragen, durch welche Ebene er zu Gemeinschaft, Kommunikation, Konsens (= 3) oder zu Tat, Geld und Entscheidung (= 4) finden und Liebe (= 5) erfahren oder Sexualität (= 6) leben kann.

Seien Sie unbesorgt:

Bei wenigen **Charakterschalen wirken** die in ihnen enthaltenen Energien nicht nur verstärkt, sondern gleichzeitig **als Verteiler auf die anderen Ebenen.** Jeder Name ist durch die Charakterschalen immer mit allen 22 Wirkungsbereichen verbunden:

Die Folge-Wirkungsebenen

Die Ebenen werden durchnumeriert bis 22, wobei die nach Anzahl der Schalen nächsthöhere Zahl immer wieder eine neue Zahlenreihe bildet. Dies sind Folge-Wirkungsebenen. Wichtig: **wie** jemand **in** einer **Haupt-Wirkungsebene** ist, **so** ist er auch **in den** hiermit **verbundenen Folge-Wirkungsebenen**.

Beispiel:
3 Charakterschalen (7 oder 8 Buchstaben, z. B. *Hans Küng*)
= 3 Ebenen: 1 ., 2., 3. Ebene.
4. Ebene wird Folge-Wirkungsebene der 1.
5. Ebene wird Folge-Wirkungsebene der 2.
6. Ebene wird Folge-Wirkungsebene der 3.
7. Ebene wird Folge-Wirkungsebene der 1. und 4. usw.

Anschließend eine Tabelle, in der Sie alle Ebenen direkt ablesen können.

Charakterschalen/Ebenen

Anzahl Buchstaben	Anzahl Schalen	Wirkungs-ebene	Folge-Wirkungsebenen
3 + 4	1	1.	1. - 22.
5 + 6	2	1.	1., 3., 5., 7., 9., 11., 13., 15., 17., 19., 21.
		2.	2., 4., 6., 8., 10., 12., 14., 16., 18., 20., 22.
7 + 8	3	1.	1., 4., 7., 10., 13., 16., 19., 22.
		2.	2., 5., 8., 11., 14., 17., 20.
		3.	3., 6., 9., 12., 15., 18., 21.
9 + 10	4	1.	1., 5., 9., 13., 17., 21.
		2.	2., 6., 10., 14., 18., 22.
		3.	3., 7., 11., 15., 19.
		4.	4., 8., 12., 16., 20.
11 + 12	5	1.	1., 6., 11., 16., 21.
		2.	2., 7., 12., 17., 22.
		3.	3., 8., 13., 18.
		4.	4., 9., 14., 19.
		5.	5., 10., 15., 20.
13 + 14	6	1.	1., 7., 13., 19.
		2.	2., 8., 14., 20.
		3.	3., 9., 15., 21.
		4.	4., 10., 16., 22.
		5.	5., 11., 17.
		6.	6., 12., 18.
15 + 16	7	1.	1., 8., 15., 22.
		2.	2., 9., 16.
		3.	3., 10., 17.
		4.	4., 11., 18.
		5.	5., 12., 19.
		6.	6., 13., 20.
		7.	7., 14., 21.

Anzahl Buchstaben	Anzahl Schalen	Wirkungs-ebene	Folge-Wirkungsebenen
17 + 18	8	1.	1., 9., 17.
		2.	2., 10., 18.
		3.	3., 11., 19.
		4.	4., 12., 20.
		5.	5., 13., 21.
		6.	6., 14., 22.
		7.	7., 15.
		8.	8., 16.
19 + 20	9	1.	1., 10., 19.
		2.	2., 11., 20.
		3.	3., 12., 21.
		4.	4., 13., 22.
		5.	5., 14.
		6.	6., 15.
		7.	7., 16.
		8.	8., 17.
		9.	9., 18.
21 + 22	10	1.	1., 11., 21.
		2.	2., 12., 22.
		3.	3., 13.
		4.	4., 14.
		5.	5., 15.
		6.	6., 16.
		7.	7., 17.
		8.	8., 18.
		9.	9., 19.
		10.	10., 20.

Mittelbuchstaben
Charakterkern

Nachdem wir die Charakterschalen eine nach der anderen betrachtet haben, liegt nun der Kern frei: der oder die Mittelbuchstaben. **Bei** einem Namen mit **gerader Buchstabenanzahl** werden es **2 Buchstaben** sein, **bei ungerader** Buchstabenanzahl ist es **1 Buchstabe** (auch hier gilt: Doppelbuchstaben zählen als 1 Buchstabe).

Diese **Namensmitte** sagt, **welche Charaktereigenschaft am stärksten ist.**

Beispiel:
ANGELIK**A** HOEFLER
A = 1/Wille, Energie

Rechte Buchstabenleiste
Aufbau des Denkens und Denkpotential

Alle Buchstaben rechts der Namensmitte nennen

- **nacheinander** von außen nach innen gelesen: unseren **Denkaufbau**

Beispiel:
R-E-L-F-E-O-H (Hoefler von außen nach innen gelesen)
Denkaufbau:
R/20 Karmische Wiederbegegnung, Frühere Fähigkeiten, Mission *(Wirkungsebene 1)*
E/5 Liebe, Heilsames Be-Wirken, Religio(n) *(Wirkungsebene 2)*
L/12 Dienst am Menschen, Opfergeist, Hingabe *(Wirkungsebene 3)*
F/17 Freundschaft, Soziale Aufgabe *(Wirkungsebene 4)*
E/5 Liebe, Heilsames Be-Wirken, Religio(n) *(Wirkungsebene 5)*
O/16 Einweihungsweg; Lehren, Beraten, Erziehen, Therapieren *(Wirkungsebene 6)*
H/8 Kosmische Ordnung, Recht, Gesundheit *(Wirkungsebene 7)*

Alle Buchstaben rechts der Namensmitte nennen

- **in der Quersumme** des **Gesamt**wertes: unser **Denkpotential**

Beispiel:
R/20 + E/5 + L/12 + F/17 + E/5 + O/16 + H/8 = 83
Nach der 22er-Terminologie gilt bei Zahlen über 22 deren Quersumme.
83 = 11/Kunst, Kultur, Kreativität; Spiritualität

Linke Buchstabenleiste
Aufbau des Handelns und Handlungspotential

Alle Buchstaben links der Namensmitte nennen

- **nacheinander** von außen nach innen gelesen: unseren **Handlungsaufbau**

Beispiel:
A-N-G-E-L-I-K
Handlungsaufbau:
A/1 Wille, Energie *(Wirkungsebene 1)*
N/14 Disziplin, Vorbild, Pionierarbeit *(Wirkungsebene 2)*
G/3 Gemeinschaft, Kommunikation, Konsens *(Wirkungsebene 3)*
E/5 Liebe, Heilsames Be-Wirken, Religio(n) *(Wirkungsebene 4)*
L/12 Dienst am Menschen, Opfergeist, Hingabe *(Wirkungsebene 5)*
I/10 Freiheit, Reisen, Veränderung, Reform *(Wirkungsebene 6)*
K/11 Kunst, Kultur, Kreativität, Spiritualität *(Wirkungsebene 7)*

- **in der Quersumme** des **Gesamt**wertes: unser **Handlungspotential**

Beispiel:
A/1 + N/14 + G/3 + E/5 + L/12 + I/10 + K/11 = 56
Nach der 22er-Terminologie gilt bei Zahlen über 22 deren Quersumme.
56 = 11/Kunst, Kultur, Kreativität; Spiritualität

DAS CHARAKTER-DIA

Alles, was Sie durch den Namen über sich oder einen anderen Menschen lernend erfahren können, ist so vielfältig, so umfangreich, daß ein Ordnen der Gedanken, vor allem aber ein Bewahren der Erkenntnisse wichtig ist.

Beides ermöglicht Ihnen das Charakter-Dia:

Dia, weil es ein Diagramm ist.

Dia, weil es Diagnosen ermöglicht.

Dia, weil es Durchblick gibt. Weil es alles festhält, was zu dem Bild, das Sie sich beim Studium des Namens gemacht haben, gehört.

Das Charakter-Dia ist, sobald Sie es aktiviert haben, ein vollständiges Charakter-Panorama, in das Sie sich lange und immer wieder vertiefen können.

Nehmen Sie sich Zeit, wenn Sie es ausfüllen. Spüren Sie die Bedeutung der einzelnen Ergebnisse. Denken Sie darüber nach. Kombinieren Sie.

Das Charakter-Dia zeigt Ihnen den ganzen, faszinierenden Menschen.

CHARAKTER-DIA

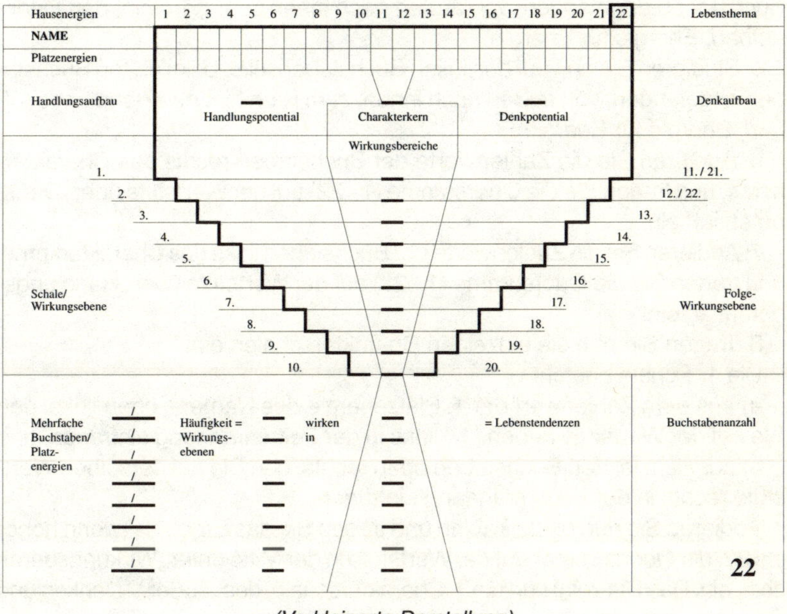

(Verkleinerte Darstellung)

Arbeitsanleitung

Für jeden Namen von 5 bis 25 Buchstaben gibt es ein spezifisches CHARAKTER-DIA. Die entsprechende Buchstaben-Anzahl sehen Sie unten rechts fett gedruckt im Kasten.

Bevor Sie ein CHARAKTER-DIA ausfüllen, prüfen Sie also noch einmal die Buchstaben-Anzahl des zu untersuchenden Namens und beachten Sie ggf. Doppelbuchstaben.

1. Tragen Sie zuerst in die Kästchen-Zeile „Name“ in Druckbuchstaben den Namen ein.

Das Dia zeigt Ihnen a) das Lebensthema (letzter Buchstabe, fett umrandet); (bei Namen mit mehr als 22 Buchstaben s. Kap. Lebensthema/Umrechnungstabelle 2, S. 68) und b) die Häuser, in denen die Buchstaben stehen, d.h., welche Energie Hausmacht hat.

2. Ergänzen Sie in der Kästchen-Zeile „Platzenergien“ die zu den Buchstaben des eingetragenen Namens gehörenden Zahlenwerte.

Im Dia wird sichtbar, in welchem Haus welche Energie sich verwirklicht.

3. Tragen Sie die Zahl für den oder die Mittelbuchstaben oder deren Quersumme (1 - 22) auf der Wertstufe über „Charakterkern“ ein.

4. Studieren Sie, beginnend mit der rechten Buchstabenseite, vom letzten Buchstaben angefangen, von außen nach innen zum Kern hin, den Denkaufbau, Energie für Energie.

5. Studieren Sie nun auf der linken Buchstabenseite, beim ersten Buchstaben angefangen, von außen nach innen, zum Kern hin, den Handlungsaufbau, Energie für Energie.

6. Addieren Sie die Zahlenwerte der Buchstaben rechts des Charakterkerns, und tragen Sie die Quersumme (1 - 22) auf der Wertstufe über „Denkpotential“ ein.

7. Addieren Sie die Zahlenwerte der Buchstaben links des Charakterkerns, und tragen Sie die Quersumme (1 - 22) auf der Wertstufe über „Handlungspotential“ ein.

8. Tragen Sie nun die einzelnen Charakterschalen ein:

Die 1. Schale besteht

a) aus dem Zahlenwert der 1. Platzenergie des Namens oben links, den Sie auf der Wertstufe neben „1.“ links in der Fettumrandung eintragen, und

b) aus dem letzten Buchstaben oben rechts, den Sie auf derselben Wertstufe rechts in der Fettumrandung eintragen.

Addieren Sie nun beide Zahlen und tragen Sie das Ergebnis (wenn höher als 22, die Quersumme) auf der Wertstufe in der Mitte unter „Wirkungsbereiche', ein. Das Dia zeigt nun die 1. Charakterschale, das „äußere“ Denken und

Handeln und damit Denken und Handeln der 1. Wirkungsebene, die 1/Wille, Energie widerspiegelt. Gleichzeitig sehen Sie rechts neben der Fettumrandung die für die Schale gültigen Folge-Wirkungsebenen.

Tragen Sie auf dieselbe Weise nun die weiteren Charakterschalen ein.

9. Zum Ausfüllen des Feldes „Lebenstendenzen" überprüfen Sie bitte, welche Buchstaben mehrfach im Namen vorkommen.

Tragen Sie diese(n) Buchstaben links unten im Dia auf der Wertstufe neben „Mehrfache Buchstaben/Platzenergien" vor dem Schrägstrich ein und hinter dem Schrägstrich den zugehörigen Zahlenwert. Notieren Sie dann auf der Wertstufe weiter rechts die Buchstaben-Häufigkeit.

Multiplizieren Sie den links eingetragenen Zahlenwert des Buchstabens mit der rechts eingetragenen Häufigkeit und übertragen Sie das Ergebnis bzw. die Quersumme (1 - 22) auf der mittleren eingerahmten Wertstufe.

Beispiel: Rainer Werner Fassbinder

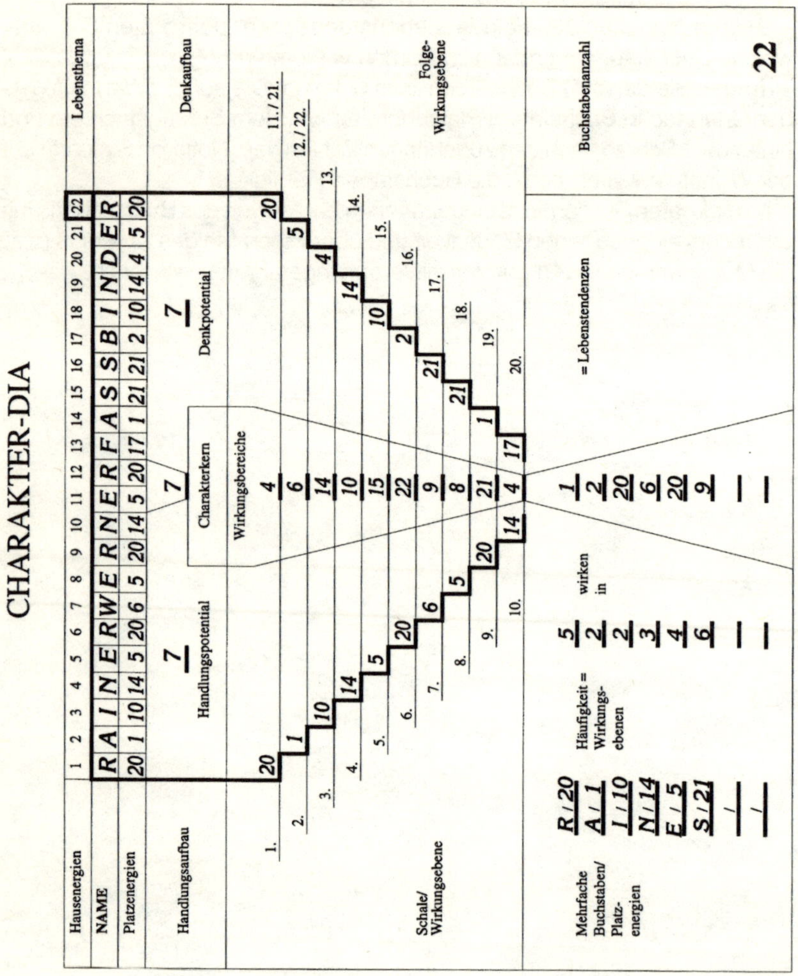

Interpretationen
A - TH

Einleitung

Sie erfahren nun, **was die** individuellen **Kombinationen** von Denken (letzter) und Handeln (erster) Buchstabe **bewirken ... können.**

Da es ein Umdenken erfordert, zuerst den letzten und dann den ersten Buchstaben eines Namens zu visualisieren, habe ich die Lesart der Interpretationen durch die Reihenfolge „links/rechts“, also „erste und letzte Buchstaben“, vereinfacht.

Zum Studium empfohlen:

Im Anschluß an die Interpretationen finden Sie jeweils Namensvorschläge zum Üben. Die **Reihenfolge** der Namen ist **nach der Anzahl der Charakterschalen** bestimmt, so daß Sie mit wenigen Charakterschalen anfangen und später immer mehr Details untersuchen können.

Die **Interpretationen** sind **für alle Charakterschalen** anwendbar. Ihrer psychologischen Begabung ist auch hier wieder Raum gelassen. Bedenken Sie aber bitte, daß die äußerste, also die erste Charakterschale auch die angreifbarste ist. Und: beurteilen Sie einen Menschen bitte nie allein nach dieser ersten Charakterschale, denn nur sie alle zusammen ergeben das richtige Bild.

Vergleichen Sie die Charakterschalen, **wenn**

- ein Name sich geändert hat
- es sich um ein Pseudonym handelt

22 x 22
Interpretationen

A/Ä
Wille, Energie

Erster Buchstabe *Handeln*	Letzter Buchstabe *Denken*	
A	A/Ä	Das gibt's nur einmal: Denken, Handeln sind eins(= 1)
A	B	Verkopfter Wille in fröhlichem Theorie-Grau
A	G	Mit der Nase dabeisein
A	D	Macher
A	E	Denkt – was er will
A	U/Ü,V, W	Keine Gefahr des übereilten Handelns
A	Z	Draufgängertum
A	H, CH	Rechthaber-Ei
A	T	Weiß, was er Weises will
A	I, J, Y	Macht, was er will
A	C, K	Lebendige Kreativität
A	L	Sieht seinen Platz in der Welt
A	M	Denkt, daß Handeln auch verkehrt sein kann
A	N	Pionier mit Einfluß
A	X	Politikergehabe
A	O/Ö	Handelt für die anderen
A	P, PH,F	Öffentlichkeitsbegabung, Mutter Courage
A	SCH, SH, TS, TZ	Will es nicht anders
A	Q	Harlekin
A	R	Im Handeln einer alten Ideologie verbunden
A	S (ß=ss)	Positives Denken und die Folgen
A	TH	Denkt zuviel

Namen zum Studieren:

Adam Opel
André Gide
Anne Frank
Asklepios
Albert Camus
Alfred Adler
Aristoteles
Anna Magnani
Albrecht Dürer
Alice Schwarzer
Andre Malraux

Axel Springer
Agatha Christie
Antonin Dvorak
Anthony Perkins
Albert Schweitzer
Albert Einstein
Albertus Magnus
Alois Alzheimer
Angelika Hoefler
Anne Sophie Mutter
Arthur Schopenhauer

Alexander Fleming
August Strindberg
Angelica Kauffmann
Abraham A Santa Clara
Alexander Mitscherlich
Agrippa von Nettesheim
Antoine de Saint-Exupery
Alexander Graf Cagliostro

B
Wissen, Intellekt

Erster Buchstabe *Handeln*	Letzter Buchstabe *Denken*	
B	A/Ä	Energie-Intellekt
B	B	Ein Intellektueller, der handelt
B	G	Im Kolloquium mit sich selber
B	D	Eins vor und zwei zurück
B	E	Gute Basis für platonische Liebe
B	U/Ü,V,W	Forscher-Persönlichkeit
B	Z	Erbe des Positiven Denkens (Nachfolger)
B	H,CH	Könnte kluge Gesetze erfinden
B	T	Neunmalklugheit oder andere extrovertierte Weisheit
B	I, J, Y	Freiheit, die ich meine
B	C,K	Spirituelle Größe
B	L	Opfernaturell wider besseres großes Wissen
B	M	Kluge Veränderungen
B	N	Rebellion mit Köpfchen
B	X	Mit Macht klug handeln
B	O/Ö	Wissenschaftler
B	P, PH, F	Gibt mit Verstand
B	SCH,SH,TS,TZ	Weltformel im Kopf
B	Q	Mutterwitz
B	R	Muß Wissen weitergeben
B	S (ß=ss)	Joseph Murphy auswendig gelernt
B	TH	Genialität unvermeidbar

Namen zum Studieren:

Bela Bartok
Bette Davis
Blaise Pascal
Brigitte Bardot
Barbra Streisand
Bernhard Grzimek
Bertha von Suttner
Benjamin Franklin

G
Gemeinschaft, Kommunikation, Konsens

Erster Buchstabe *Handeln*	Letzter Buchstabe *Denken*	
G	A/Ä	Braucht Bazarberührungen
G	B	Eckensteher sucht Anschluß
G	G	Integrations-Genie
G	D	Vehementer Einsatz für die Gesellschaft
G	E	Die Seele vom Klavier
G	U/Ü,V,W	Achillesfersenforscher
G	Z	Zum Pferderennen und Pferdestehlen
G	H,CH	Will alles für alle
G	T	Philosoph, der verstanden werden will
G	I, J, Y	Finder und Erfinder
G	C,K	Hat immer eine Idee, mindestens
G	L	Aufpassen: sich nicht fressen lassen!
G	M	Beziehungsflexibilität
G	N	Vorbild sein: gucken wieder alle!
G	X	Herrschaftsdenken, Herrschaftszeite!
G	O/Ö	Verhindertes Lehrbuch
G	P,PH, F	Unabwendbarer Freund
G	SCH, SH,TS, TZ	Allroundbeschützer, Schreck jeder Katastrophe
G	Q	Jahrmarktexperte
G	R	Durch frühere Leben erworbene Öffentlichkeitswirkung
G	S (ß=ss)	Suggestionskraft
G	TH	Per Denkprozession in die Gemeinschaft, wenn überhaupt

Namen zum Studieren:

Golda Meir
George Sand
Greta Garbo
Günter Grass
Gottfried Benn
Galileo Galilei
Günter Wallraf
George Washington
Gustav Heinemann
Gustave Flaubert
Guy de Maupassant
George Bernard Shaw
Gerhart Hauptmann
Gertrud von le Fort
Gaius Julius Caesar
Giacomo Girolamo Casanova

D
Tat, Handeln, Arbeit, Geld
Entscheidung

Erster Buchstabe ***Handeln***	Letzter Buchstabe ***Denken***	
D	A/Ä	Will, was er tut
D	B	Denkt, was man tun müßte
D	G	Beamter auf Überlebenszeit
D	D	Gedacht, getan.
D	E	Liebe ist doch nicht nur eine Himmelsmacht
D	U/Ü,V, W	Konfliktbewußtsein im Handeln
D	Z	Versuchsmodell für Positives Denken
D	H ,CH	Schützt andere vor den eigenen Vorstellungen
D	T	Rat und Tat in einer Person
D	I,J,Y	Egalité, Liberalité, Fraternité
D	C,K	Ideen, die es im Kopf nicht aushalten
D	L	Unbürokratische Sozial-Institution
D	M	Denkriese
D	N	Akribie auf Beinen
D	X	Manager in eigener Sache
D	O/Ö	Begabung für komplizierte Lebensumstände
D	P,PH, F	Versorgungswerk
D	SCH,SH,TS,TZ	Navigiert fehlerfrei jedes Chaos
D	Q	Macht alles mit links
D	R	Arbeitet mit Fähigkeiten aus früheren Inkarnationen
D	S (ß=ss)	Kompaß auf Karriere
D	TH	Macht alles anders, als man denkt

Namen zum Studieren:

Dario Fo
Daskalos
Dante Alighieri
Dietrich Fischer-Dieskau
Daphne du Maurier
Dieter Hildebrandt

E
Liebe, Heilsames Be-Wirken
Religio(n)

Erster Buch-stabe ***Handeln***	Letzter Buch-stabe ***Denken***	
E	A/Ä	Energische Maximen
E	B	Kopfleben
E	G	Gemüt so groß wie Norwegen
E	D	Tatendrang-Theoretiker
E	E	Liebe ist „A & O“
E	U/Ü,V,W	Prüft ewig, bevor er sich bindet
E	Z	Erfinder des Fensterlns
E	H, CH	Liebe für eine eigene Weltordnung
E	T	Goldgräber
E	I, J, Y	Der alte Mann und das Meer
E	C,K	Weltanschauungspatente
E	L	Schmelztiegel
E	M	Weiß, was Menschen loslassen müssen
E	N	Pionier aus Religio(n): Erinnerungen an die Zukunft
E	X	Will weniger die Macht der Liebe, als die eigene Macht
E	O/Ö	Sanktioniertes Leid
E	P, PH, F	Soziale und sehr geliebte Lebensaufgabe
E	SCH, SH, TS, TZ	Engel
E	Q	Im 7. Himmel
E	R	Liebe für alte, schon einmal vertretene Werte
E	S (ß= ss)	Liebling der Göttinnen und Götter
E	TH	Unverstandene Liebe

Namen zum Studieren:

Epikur
El Greco (Ps)
Edith Piaf
Edith Stein
Ernst Bloch
Erich Fromm
Emile Zola
Edvard Grieg
Erich Kästner
Ernst Barlach
Erich von Däniken
Ernest Hemingway
Eugen Drewermann
Else Lasker-Schüler

U/Ü, V, W
Prüfungen, Analyse, Forschung, Psychologie; Sexualität

Erster Buchstabe *Handeln*	Letzter Buchstabe *Denken*	
U/Ü,V, W	A/Ä	Mut zur Wahrheit
U/Ü,V,W	B	Kritikertalent
U/Ü,V,W	G	Weltbild-Reformer
U/Ü,V,W	D	Kann gut Kastanien aus dem Feuer holen
U/Ü,V,W	E	Geht allem auf den Grund, selbst dem Grund noch
U/Ü,V,W	U/Ü,V,W	Warum einfach, wenn's auch kompliziert geht
U/Ü,V,W	Z	Verstrickungskünstler
U/Ü,V,W	H, CH	Immer zuständig (Behördenuntauglichkeit)
U/Ü,V,W	T	Probleme durch zuviel Wissen
U/Ü,V,W	I,J,Y	Sprengt Ketten
U/Ü,V,W	C, K	Flexibilität als Herausforderung
U/Ü,V, W	L	Besiegt Windmühlen
U/Ü,V, W	M	Versteht immer mehr das Warum
U/Ü,V,W	N	Röntgenblick
U/Ü,V,W	X	Manipulationen
U/Ü,V,W	O/Ö	Psychologencouch im Kopf
U/Ü,V,W	P, PH, F	Öffentliche Konfliktbearbeitung
U/Ü,V,W	SCH, SH, TS, TZ	Entlarvt Mißstände
U/Ü,V,W	Q	Problemverneinung
U/Ü,V, W	R	Konfrontation mit alten Lebensthemen
U/Ü,V,W	S (ß= ss)	Aber die Verhältnisse, sie sind nicht so
U/Ü,V,W	TH	Sieht das alles ganz anders

Namen zum Studieren:

Victor Hugo
Wilhelm Busch
Willy Brandt
Wolf Biermann
Virginia Woolf
Will Quadflieg
Ulrike Meinhof
Winston Churchill
William Faulkner
Werner Heisenberg
Uta Ranke-Heinemann
Wilhelm Conrad Röntgen
Wolfgang Amadeus Mozart
Walther von der Vogelweide

Z
Überwinden, Gewinnen

Erster Buchstabe ***Handeln***	Letzter Buchstabe ***Denken***	
Z	A/Ä	Führungsverständnis
Z	B	Erfolgs-Stratege
Z	G	Gemeinsamkeit macht stark
Z	D	Pfeil und Bogen und durch
Z	E	Lebens-Chirurg
Z	U/Ü, V, W	David gegen Goliath
Z	Z	Sieg im salto mortale
Z	H, CH	Macht offenbar alles richtig
Z	T	Dschungelkompaß
Z	I, J, Y	Wirbelt die Welt schwindlig
Z	C, K	Begnadet
Z	L	Menschheitsbeglücker von eigenen Gnaden
Z	M	Kompensierte Adhäsionseigenschaften
Z	N	Erfahrungsalchimist
Z	X	Unbesiegbarkeitswahn
Z	O/Ö	Eingeweihter
Z	P, PH, F	Engel, zu Fuß durch's Leben
Z	SCH, SH,TS,TZ	Läuft den Wasserfall hoch
Z	Q	Erschüttert nichts außer Kitzeln
Z	R	Erfolgsernte aus früheren Inkarnationen
Z	S (ß=ss)	Einer wie Zeus
Z	TH	Helldriver

Namen zum Studieren:

Zeus
Zita
Zarathustra
Zsa Zsa Gabor
Zarah Leander
Ziemlich wenige Vornamen beginnen mit Z

H, CH
Kosmische Ordnung, Recht, Gesundheit

Erster Buch-stabe ***Handeln***	Letzter Buch-stabe ***Denken***	
H, CH	A/Ä	Guten Willen für die Tat genommen
H, CH	B	Bibliothek mit Lebens-Know-how
H, CH	G	Gerechtigkeitsinstanz
H, CH	D	Entscheidungsbolzen
H, CH	E	Herz auf dem Fleck des Rechts
H, CH	U/Ü,V,W	Das Aus für den Gordischen Knoten
H, CH	Z	Energiebündel
H, CH	H, CH	Könnte wenigstens den obersten Kragenknopf lockorn
H, CH	T	Weiß, wie die Dinge wirklich sind
H, CH	I, J, Y	Mit dem Kopf durch die Wand
H, CH	C, K	Künstler, der weiß, was er tut
H, CH	L	Nicht von einer Aufgabe abzubringen
H, CH	M	Vertrauen in eine höhere Ordnung
H, CH	N	Vorbild
H, CH	X	Macht an der richtigen Stelle
H, CH	O/Ö	Läßt sich nicht in die Wirre bringen
H, CH	P,PH, F	Jemand, von dem man Gebrauchtwagen kaufen kann
H, CH	SCH, SH, TS, TZ	Rechnet mit allem und alle mit ihm
H, CH	Q	Hans im Glück
H, CH	R	Richtiges Weltverständnis und eine alte Aufgabe damit
H, CH	S (ß= ss)	Ein Mensch, auf den man schwören kann
H, CH	TH	Wahnsinnig genial

Namen zum Studieren:

Homer
Hans Küng
Henry Ford
Christa Wolf
Helmut Kohl
Heinrich Böll
Helen Keller
Helmut Schmidt
Henri Dunant
Henrik Ibsen

Henry Miller
Hippokrates
Charlie Chaplin
Heinrich Heine
Heinz Rühmann
Hermann Hesse
Charles Dickens
Hubert van Eyck
Humphrey Bogart
Hildegard Knef

Hillary Clinton
Honorè de Balzac
Hanns Dieter Hüsch
Charlotte von Stein
Heinrich von Kleist
Helmut Qualtinger
Hildegard von Bingen
Henri de Toulouse-Lautrec

T
Menschenkenntnis, Weisheit

Erster Buchstabe ***Handeln***	Letzter Buchstabe ***Denken***	
T	A/Ä	Besonnene Spontaneität
T	B	Neues Politiker-Modell, wenn wir alle Glück haben
T	G	Einer, der für alle ist
T	D	Praxis im Kopf, Theorie im Handeln
T	E	Beliebte Lebensversicherung
T	U/Ü,V,W	Hat jede Handlung vorher am Bruchstrich gerechnet
T	Z	Gescheit bis zum TZ
T	H, CH	Weiß ist nicht weiß genug
T	T	Die Eule
T	I, J, Y	Interessenkollision von Dynamik und Klugheit
T	C, K	Kulturauftrag für einen Wissenden
T	L	Narrenkonzeption: Hingabe an die Klugheit
T	M	Trauerarbeit
T	N	Neuer Löffel für die Weisheit
T	X	Kluge Selbstinthronisation
T	O/Ö	These und Antithese in einer Person
T	P,PH, F	Laternenanzünder
T	SCH, SH, TS, TZ	Frauen und Kinder zuerst!
T	Q	Weiß, daß jeder Jeck anders ist
T	R	Zuviel Klugheit für ein Leben allein
T	S (ß = ss)	Erweitertes Bewußtsein
T	TH	Weisheit auf dem Drahtseil

Namen zum Studieren:

Tizian
Torquato Tasso
Teilhard de Chardin
Till Eulenspiegel
Tennessee Williams

I, J, Y
Freiheit, Reisen, Veränderung; Reform

Erster Buch- stabe *Handeln*	Letzter Buch- stabe *Denken*	
I,J,Y	A/Ä	Rebellion auf einem Trampolin
I,J,Y	B	Kopf, der sich auf die Beine macht
I,J,Y	G	Fortschrittler
I,J,Y	D	Viel Unfreiheit für Freiheit
I,J,Y	E	Herz, das unruhig bleibt
I,J,Y	U/Ü, V, W	Weltverbesserungsbemühen
I,J,Y	Z	Überflügelt Ikarus
I,J,Y	H, CH	Liberalismus
I,J,Y	T	Kritischer Idealismus
I,J,Y	I,J,Y	Denken und Tun sind eins
I,J,Y	C, K	Künstler, Lebenskünstler
I,J,Y	L	Ist absorbiert von der eigenen Dynamik
I,J,Y	M	Stehaufmännchen
I,J.Y	N	Vorbild vom Vorbild
I,J,Y	X	Begründer einer neuen Ära
I,J,Y	O/Ö	Mißversteht das ganze Leben als Fallschirm
I,J.Y	P, PH, F	Mary Poppins
I,J,Y	SCH, SH, TS, TZ	Die Angst des Tormanns vorm Elfmeter
I,J,Y	Q	Hofnarr; IQ bemerkenswert
I,J,Y	R	Vierdimensionale Lebensaufgabe
I.J,Y	S (ß = ss)	Erfolg muß wandern
I,J,Y	TH	Es sind nicht alle frei, die ihrer Ketten spotten

Namen zum Studieren:

Yoko Ono
Joan Baez
Joan Miro
James Dean
Jacob Böhme
Jan van Eyck
Jeanne d' Arc
John Lennon
Joseph Beuys
Joseph Fouché
Joseph Haydn

Isaac Newton
Jean Anouilh
Jean Cocteau
Jimi Hendrix
Immanuel Kant
Indira Gandhi
John F. Kennedy
Jonathan Swift
Jean Paul Sartre
Johannes Brahms
Johannes Kepler
Julius Hackethal

Jacques Offenbach
Ingeborg Bachmann
Johannes Gutenberg (Ps)
Johann Sebastian Bach
Jean Jacques Rousseau
Johann Gottfried Herder
Johann Wolfgang von Goethe

C, K
Kunst, Kultur, Kreativität, Spiritualität

Erster Buchstabe *Handeln*	Letzter Buchstabe *Denken*	
C, K	A/Ä	Vertreibt die Kunstbanausen
C, K	B	Eignung zur Kultfigur
C, K	G	Meinungsmacher
C, K	D	Agent
C, K	E	Lebt für die Kunst
C, K	U/Ü, V, W	Hört das Gras wachsen
C, K	Z	Wer nicht wagt
C, K	H, CH	Personifiziertes Künstlertum
C, K	T	Kontemplation, Verdacht auf Esoterik
C, K	I, J, Y	Abenteurer
C, K	C, K	Das hohe C der Kreativität
C, K	L	Spiritualität
C, K	M	Altem Wissen verpflichtet
C, K	N	Lehrt das Staunen
C, K	X	Kulturveränderer mit Engelszunge
C, K	O/Ö	Kunstkritiker
C, K	P, PH, F	Hobby zum Beruf gemacht
C, K	SCH, SH, TS, TZ	Lehrt das Hinschauen
C, K	Q	Spaß an der Freude
C, K	R	Politikum
C, K	S	Denkt und handelt wie Krösus
C, K	TH	Dadaist oder Jandlist

Namen zum Studieren:

Krösus
Karl May
Carl Orff
Karl Marx
Clara Schumann
Claude Monet
Käthe Kollwitz
Konrad Duden
Kaspar Hauser
Konrad Lorenz
Karlheinz Böhm
Carl Gustav Jung
Katharina Thalbach
Konrad Adenauer
Caterina Valente
Klaus Störtebeker
Karlfried Graf Dürckheim

L
Dienst am Menschen, Opfergeist, Hingabe

Erster Buchstabe *Handeln*	Letzter Buchstabe *Denken*	
L	A/Ä	Gut für die unkündbare Stelle
L	B	Intelligenter als der Chef und verschweigt dies
L	G	Marktplatz
L	D	Arbeitswunder
L	E	Die gute Tat nonstop
L	U/Ü,V,W	Amt für Schadensbegrenzung
L	Z	Verbal-Anästhesist
L	H, CH	Der gute Geist der Gemeinde
L	T	Brockhaus
L	I, J, Y	Schneidet alte Zöpfe ab
L	C, K	Nicht ausnutzen lassen!
L	L	36-Stunden-Tag
L	M	St. Martin
L	N	Koryphäe
L	X	Kann herrschen, weil dienen
L	O/Ö	Krankengymnastik an der Gesellschaft
L	P, PH, F	Nachtschwester der Sozialpolitik
L	SCH, SH, TS, TZ	Immer auf einen GAU vorbereitet
L	Q	Opferlamm
L	R	In eine Sonderaufgabe geführt
L	S	Denken, von dem alle was haben
L	TH	Motivationsgeheimnis

Namen zum Studieren:

Leo Trotzki
Liv Ullmann
Le Corbusier (Ps)
Lilly Palmer
Liza Minelli
Louis Pasteur
Ludwig Erhard
Leonardo da Vinci
Laertios Diogenes
Leonard Bernstein
Ludwig van Beethoven

M
Verwandlung, Zäsur, Loslassen, Neubeginn; Höheres Wissen

Erster Buchstabe *Handeln*	Letzter Buchstabe *Denken*	
M	A/Ä	Mit aller Kraft: Loslassen!
M	B	Neues Denken, altes Handeln
M	G	Wandlungsauftrag
M	D	Stellt immer fest, daß alles nicht geht
M	E	Opfert sich
M	U/Ü, V, W	Leben durchs Nadelör
M	Z	Fällt immer wieder auf die Füße
M	H, CH	Entfernt sich von Unrichtigem
M	T	Wissens- und Gewissensprüfung
M	I, J, Y	Große Lebensumbrüche
M	C, K	Will dahinterschauen
M	L	Abschiedsthemen
M	M	Nichts ist beständiger als der Wandel
M	N	Frühmeldesystem für Trends
M	X	Die Geister, die ich rief
M	O/Ö	Einweihungswanderweg
M	P, PH, F	Prädestiniert, Kommen und Gehen zu begleiten
M	SCH, SH,TS,TZ	Das Leben als Mutprobe
M	Q	Bereitsein für das Leben nach dem Leben
M	R	Altes Wissen zur Erfüllung einer Mission
M	S	Läßt Unproduktives hinter sich
M	TH	Lebt eigentlich in einer anderen Welt

Namen zum Studieren:

Mao Tse Tung
Marco Polo
Mark Twain
Max Planck
Marc Chagall
Marie Curie
Maria Callas
Maria Stuart
Martin Luther
Mildred Scheel
Marcel Proust
Maria Theresia
Mahatma Gandhi
Maria de Medici
Marilyn Monroe (Ps)
Max Horkheimer
Marlene Dietrich
Marie Antoinette
Martin Luther King
Manfred Köhnlechner
Margarethe Schreinemakers
Maximilien Robespierre

N
Disziplin, Vorbild, Pionierarbeit

Erster Buchstabe *Handeln*	Letzter Buchstabe *Denken*	
N	A/Ä	Brause für die Menschheit
N	B	Konzeptionist
N	G	Ein kleiner Schritt, der ein großer sein kann
N	D	Durchsetzungsenergie
N	E	Will der Beste sein
N	U/Ü,V,W	Pedant
N	Z	Mobile Brücke
N	H, CH	Will seine eigene Glühbirne erfinden
N	T	Gibt Nachhilfe im Richtigdenken
N	I, J, Y	Protagonist
N	C, K	Wiege des Erfindertums
N	L	Weniger wäre oft mehr
N	M	Aus Not kommt Tugend
N	N	Will in den Himmel kommen
N	X	Das Haupt der Köpfe
N	O/Ö	Problem-Besen
N	P,PH, F	Der gute Mensch an sich
N	SCH, SH, TS, TZ	Rettende Ideen
N	Q	Tüftlergemüt
N	R	Erfinder aus Gewohnheit
N	S	Verblüfft alle
N	TH	Kennt etwas noch Runderes als das Rad

Namen zum Studieren:

Nostradamus (Ps)
Nana Mouskouri
Neil Armstrong
Napoleon Bonaparte
Niccolo Machiavelli
Nikolaus Kopernikus

X
Einfluß, Selbstverwirklichung

Erster Buchstabe *Handeln*	Letzter Buchstabe *Denken*	
X	A/Ä	Wo ich bin, ist oben
X	B	Wissen ist Macht
X	G	Profilneurose
X	D	Marionettenspieler
X	E	Liebevolle Selbstverwirklichung
X	U/Ü,V,W	Kann man kein X für ein U vormachen
X	Z	Bud Spencer der Antike
X	H, CH	Die Verfassung
X	T	Institut für Angewandte Weisheit
X	I, J, Y	Herr(in) der Meere
X	C, K	Kuratorium zur Unterscheidung von Kitsch und Kunst
X	L	Herr Puntila und sein Knecht
X	M	Der Herr der Ringe
X	N	Wirft den Diskus in die Diskussion
X	X	They are coming to take me away, haha
X	O/Ö	Sollte Freud wenigstens lesen
X	P,PH, F	Einlösestelle für Wahlversprechen
X	SCH,SH,TS,TZ	Extremverwirklicher
X	Q	Blauäugigkeit, rechtes Auge
X	R	Herrscht, seit alters her
X	S	Nabel der Welt
X	TH	Trojanisches Pferd

Namen zum Studieren:

Xerxes
Xanthippe
Xenokrates
und alle, die Xander, Xaver, Xavier oder ähnlich mit Vornamen heißen

O/Ö
Einweihungsweg, Lehren, Beraten, Erziehen, Therapieren

Erster Buchstabe *Handeln*	Letzter Buchstabe *Denken*	
O/Ö	A/Ä	Problem-Affinität
O/Ö	B	Hat grundsätzlich Erklärungsbedarf
O/Ö	G	Carepaket
O/Ö	D	Erzieht zur Selbsthilfe
O/Ö	E	Liebt die Herausforderung
O/Ö	U/Ü,V,W	Chaos-Forscher
O/Ö	Z	Hans Dampf
O/Ö	H, CH	Hat alles im Griff
O/Ö	T	Bleibt Philosoph
O/Ö	I,J,Y	Läßt notfalls die Lösung einfliegen
O/Ö	C, K	Kultur-Therapeut
O/Ö	L	Schluchz-Schulter
O/Ö	M	Ist selbst das Problem
O/Ö	N	Schlägt Schneisen
O/Ö	X	Letzte Instanz
O/Ö	O/Ö	Chaos-Treue
O/Ö	P, PH, F	Seelsorge
O/Ö	SCH, SH, TS, TZ	Katastrophenmuseum
O/Ö	Q	Schlichtungsstelle
O/Ö	R	Berufenheit
O/Ö	S	Beißt die Schlange
O/Ö	TH	Immer für eine Überraschung gut

Namen zum Studieren:

O. W. Fischer
Oscar Wilde
Ödön von Horváth
Oskar Lafontaine
Otto von Bismarck

P, PH, F
Freundschaft, Soziale Aufgabe

Erster Buch-stabe *Handeln*	Letzter Buch-stabe *Denken*	
P,PH,F	A/Ä	Veräußert sich
P,PH,F	B	Wünschenswert als politisches Kalkül
P,PH,F	G	Kommt zu wenig im eigenen Leben vor
P,PH,F	D	Provoziert die Gesellschaft
P,PH,F	E	Genießt es, gebraucht zu werden
P,PH,F	U/Ü, V,W	Bürokratismus
P,PH,F	Z	Gegenteil von Bürokratismus
P,PH,F	H, CH	Sozialrechtliche Kompetenz
P,PH,F	T	Souveränität auf der ganzen Linie
P,PH,F	I, J, Y	Liberalität in den Startlöchern
P,PH,F	C, K	Pfadfinder
P,PH,F	L	Idealismus pur
P,PH,F	M	Weiß und schweigt und hilft
P,PH,F	N	Gewinnt die Menschen für sich
P,PH,F	X	Tendenz zur Vereinnahmung
P,PH,F	O/Ö	Anerkennung durch harte Arbeit
P,PH,F	P,PH,F	Die Große Liebe heißt Nächstenliebe
P,PH,F	SCH, SH,TS,TZ	Dschungelführer
P,PH,F	Q	Lächelt, und die Sonne scheint
P,PH,F	R	Bringt einen alten Geist zu aktuell Notwendigem
P,PH,F	S	Will das Beste in Größe geben
P,PH,F	TH	Futurist und Freund zugleich

Namen zum Studieren:

Platon
Plutarch
Pythagoras
Franz Kafka
Franz Liszt
Paracelsus (Ps)
Felix Wankel
Fidel Castro
Franz Schubert
Paul Gauguin
Pablo Casals
Pablo Picasso(Ps)
Piet Mondrian
Frank Sinatra
Frank Wedekind
Frederic Chopin
Friedrich Ebert
Francoise Sagan (Ps)
Friedrich Engels
Friedrich Schiller
Pierre Larousse
Peter Paul Rubens
Franz Anton Mesmer
Patricia Highsmith (Ps)
Friedrich Hölderlin
Friedrich Barbarossa
Florence Nightingale
Friedensreich Hundert-wasser (Ps)

SCH, SH, TS, TZ
Extreme,
Einsatz für lebenswichtige Belange

Erster Buchstabe *Handeln*	Letzter Buchstabe *Denken*	
SCH,SH,TS,TZ	A/Ä	Lebensmuskeltraining
SCH,SH,TS,TZ	B	Kühler Kopf für heiße Eisen
SCH,SH,TS,TZ	G	Sammelt Spenden
SCH,SH,TS,TZ	D	Leitet den Krisenstab
SCH,SH,TS,TZ	E	Liebt den hohen Einsatz
SCH,SH,TS,TZ	U/Ü,V,W	Intellektueller Masochismus
SCH,SH,TS,TZ	Z	Feuerlaufer
SCH,SH,TS,TZ	H, CH	Albert Schweitzer-Nachfolger
SCH,SH,TS,TZ	T	Geschickte Krisenintervention
SCH,SH,TS,TZ	I, J, Y	Fällt von einem Extrem ins andere
SCH,SH,TS,TZ	C, K	Belastbarkeit am Grünen Tisch
SCH,SH,TS,TZ	L	Märtyrertum
SCH,SH,TS,TZ	M	Mutprobe
SCH,SH,TS,TZ	N	Stern am Himmel in Krisengebieten
SCH,SH,TS,TZ	X	Übermut
SCH, SH,TS,TZ	O/Ö	Bewußtseinsspiegelung im Chaos
SCH,SH,TS,TZ	P, PH, F	Rettungskommando
SCH,SH,TS,TZ	SCH, SH, TS,TZ	Überidentifikation mit der Aufgabe
SCH,SH,TS,TZ	Q	Realismusferne
SCH,SH,TS,TZ	R	Lebensretter im höheren Sinne
SCH,SH,TS,TZ	S	Stuntman
SCH,SH,TS,TZ	TH	Denn sie wissen nicht, was sie tun

Namen zum Studieren:

Sharon Tate
Schlomo Freud (alias Sigmund Freud)
Shmuel Rodensky
Shirley MacLaine (Ps)

Q
Harmonie, Freude, Humor

Mangels Beweisen teilweise verzichtet auf „quod erat demonstrandum-Interpretationen"

Der Buchstabe Q, der ja die freundlichste aller Buchstaben-Energien repräsentiert, ist als Vorname in unseren Breitengraden praktisch nicht überprüfbar. Heißt: kommt als Handlungs-Energie in der äußersten Charakterschale praktisch nicht vor; Humor kommt ja auch mehr aus dem Inneren.

Wenig erhellend ist es auch, einen Quodvultdeus um 437 v. Chr. zu interpretieren oder Quirinus aus dem 2./3. Jh. oder einen Kommandeur des Rheinheeres mit Namen Quinctilius Varus. Selbst Quasimodo, der Glöckner von Notre Dame, kann diesmal die Situation nicht retten.

Und was die Queens dieser Erde betrifft, so mögen Sie sich bei eigenen Interpretationen königlich amüsieren. Also denn:

Ab 2. Buchstabe ***Handeln***	Letzter Buchstabe ***Denken***	
Q	A/Ä	Konfliktflucht
Q	B	Britischer (nicht: englischer) Humor
Q	G	Kabarettist
Q	D	Grafittis am Arbeitsplatz
Q	E	Ansteckende Freude
Q	U/Ü,V,W	Analysiert die Pointe
Q	Z	Doch wie es da drin aussieht ...
Q	H, CH	Kennt die Pointe anders
Q	T	Lächelt weise
Q	I, J, K	Was kostet die Welt?
Q	C, K	Zweckoptimismus
Q	L	Tritt ein, bringt Glück herein
Q	M	We are not amused (Zitat: Queen Elizabeth)
Q	N	Muster an Liebenswürdigkeit
Q	X	Clown aus Trotz
Q	O/Ö	Sicherheitstraining in Harmonie
Q	P, PH, F	Beschwerdebriefkasten
Q	SCH, SH, TS, TZ	Lacht aus Furcht
Q	Q	Der inkarnierte Crescendo-Witz
Q	R	Friedensstifter
Q	S	Sunnyboy
Q	TH	Gleichmäßiger Schwebezustand

R

Karmische Wiederbegegnung, Frühere Fähigkeiten, Mission

Erster Buchstabe ***Handeln (wie früher)***	Letzter Buchstabe ***Denken (wie heute)***	
R	A/Ä	Tiefes inneres Ziel
R	B	Folgt einem alten Wissen
R	G	Öffentliche Aufgabe
R	D	Hohe Verantwortung
R	E	Wichtige Wiederbegegnungen
R	U/Ü,V,W	Aufklärungsarbeit
R	Z	Überwindung alter Traumata
R	H, CH	Arbeit für die Kosmische Ordnung
R	T	Kultur- und Bildungsaufgaben
R	I, J, Y	Umbruch herbeiführen
R	C, K	Kreative und/oder spirituelle Arbeit
R	L	Alte Pflicht an den Menschen
R	M	Handelt nach Höherem Wissen
R	N	Pionieraufgabe
R	X	Machtstellung
R	O/Ö	Neuer Einweihungsweg
R	P, PH, F	Politisches Verständnis anwenden
R	SCH, SH, TS, TZ	Schwierigkeitsgrad nach präinkarnativer Reife
R	Q	Harmonie lernen und teilen
R	R	Herausragendes Denken und Mission damit
R	S	Fortschrittsauftrag
R	TH	Prüfung der Geistigen Welt. Lernen mit ihr

Namen zum Studieren:

Red Adair
Robert Koch
Renate Schmidt
Richard Wagner
Robert Schumann
Rudolf Virchow
René Descartes
Rosa Luxemburg
Rudolf Steiner
Rainer Maria Rilke
Richard von Weizsäcker
Rainer Werner Fassbinder

S
Erfolg, Fortschritt, Positivität

Erster Buchstabe *Handeln*	Letzter Buchstabe *Denken*	
S	A/Ä	Produktive Autorität
S	B	Gehört an die Spitze
S	G	Fortschritt für die Welt
S	D	Bewegt seinen Markt
S	E	Das Happy End selber
S	U/Ü,V,W	Braucht Antrag auf ein Antragsformular
S	Z	The show must go on
S	H, CH	Wie Eltern sich ihre Kinder wünschen
S	T	Sollte mit S/B (s.o.) ein Team bilden
S	I,J,Y	Hurrikan auf dem Weg nach Hause
S	C, K	Kreativität erfolgreich aus dem Kopf befreit
S	L	Bodyguard
S	M	Kugelsichere Weste
S	N	Erfolgstrainer
S	X	Indianerhäuptling
S	O/Ö	Aus Chaos entsteht Ordnung
S	P, PH, F	Erfolg durch Idealismus
S	SCH, SH, TS,TZ	Schlittenhund
S	Q	Sonntagskind
S	R	Erntereichtum
S	S	Lorbeerkranz
S	TH	Nachtwandler

Namen zum Studieren:

Seneca
Sokrates
Spartacus
Sophia Loren
Sabine Sinjen
Sigmund Freud
Selma Lagerlöf
Stephen Hawking
Simone Signoret
Somerset Maugham
Simone de Beauvoir

TH
Astralwirken
Sensitivität
Nonkonformismus

Erster Buch- stabe *Handeln*	Letzter Buch- stabe *Denken*	
TH	A/Ä	Affinität zum Unsichtbaren
TH	B	Intelligenz als Pawlow'scher Reflex
TH	G	Vorsicht vor Fernsteuerung
TH	D	Gefahr des Mißbrauchs für die Ziele anderer
TH	E	Faible für das Unkonventionelle
TH	U/Ü,V,W	Fischt im Trüben
TH	Z	Mut zur Seifenblase
TH	H, CH	Es genügt nicht zu denken, man muß auch tun
TH	T	Das Lächeln am Fuß der Leiter von August, dem Clown
TH	I, J, Y	In 80 Tagen um die Welt
TH	C, K	Spleen
TH	L	Partielle Willensausblendung
TH	M	Melancholie der Mystik
TH	N	Inspirierter Geist und Pionier
TH	X	Egotrip
TH	O/Ö	Kenner der Tiefen wie der Abgründe
TH	P, PH, F	Macht das Unmögliche möglich
TH	SCH, SHS, TS,TZ	Macht das Mögliche unmöglich, bisweilen
TH	Q	Tagträumer
TH	R	Verhältnismäßigkeit der Mittel beachten
TH	S	Demokratischer Querkopf
TH	TH	Wetzstein für die Realität

Namen zum Studieren:

Thomas Mann
Theodor Fontane
Theodor W. Adorno (Ps)
Thomas Alva Edison
Theodor Heuss
Theodor Storm

Freud auf der Couch

Das Wirken und Verhalten des Begründers der Psychoanalyse, Sigmund Freud, wird seit 100 Jahren nicht nur von der Fachwelt immer wieder neu gedeutet. Der Mann, der sich in seiner therapeutischen Arbeit vor den Augen seiner Klienten verbarg, indem er diese auf die Couch legte und sich selbst dahintersetzte, machte es auch sonst niemandem leicht, ihn richtig zu sehen.

Wer war Sigmund Freud – bevor er diesen Namen annahm?

Namensänderung ist Lebensänderung.

Sigmund Freud wurde am 6. 5. 1856 geboren und zunächst Sigismund getauft. An diesem Namen mögen Eltern und andere Verwandte ihre Freud gehabt haben, Sigismund offenbar nicht. Als er 22 Jahre alt war, änderte er seinen Vornamen. Was sich dadurch geändert hat – aber auch, was dennoch nicht zu ändern war –, können Sie auf den nächsten Seiten studieren.

Die Interpretationen habe ich der besseren Verständlichkeit wegen wörtlich aus dem Praxisteil übernommen. Das sind Stichworte. Ab da beginnt die Denkarbeit. Es gibt sehr vieles zu entdecken, auch zu enthüllen.

Sigismund wollte dies offenbar nicht. Er wollte Sigmund sein.

Wenden auch wir uns deshalb Sigismund mit aller Diskretion zu. Und betrachten wir dann die Entwicklung:

Sigmund Freud auf der Couch.

SIGISMUND FREUD — SIGMUND FREUD

(Die folgende Untersuchung ist in Textblöcken so angeordnet, daß Sie sowohl durch Senkrechtlesen nur einen Namen erfassen, als auch parallel lesen und damit beide Charaktere vergleichen können).

Buchstaben-Anzahl = Lebensthema

SIGISMUND FREUD

14 Buchstaben =
Disziplin, Vorbild, Erfindungsreichtum
Korrespondenz 5 =
Liebe, Heilsames Be-Wirken, Religio(n)

SIGMUND FREUD

12 Buchstaben =
Hingebungsvoller Dienst am Menschen
Korrespondenz 3 =
Gemeinschaft, Kommunikation,Konsens

Buchstaben-Häufigkeit = Lebens-Tendenzen

SIGISMUND FREUD

S/21 2 x =
Erfolg, Fortschritt, Positivität
Ebene 2 =
Wissen, Intellekt
Wirkt in 6 =
Prüfungen, Analyse, Forschung, Psychologie; Sexualität
Mit analytischem Verstand zum Erfolg

I/10 2 x =
Freiheit, Reisen, Veränderung, Reform
Ebene 2 =
Wissen, Intellekt
Wirkt in 20 =
Karmische Wiederbegegnung, Frühere Fähigkeiten, Mission
Altes Wissen um neue Wege und Aufgaben

G/3 1 x =
Gemeinschaft, Kommunikation, Konsens
Ebene 1 =
Wille, Energie
Wirkt in 3 = eigener Bereich

I/10 2 x = (siehe oben)

S/21 2 x = (siehe oben)

SIGMUND FREUD

S/21 1 x =
Erfolg, Fortschritt, Positivität
Ebene 1 =
Wille, Energie
Wirkt in 21 = eigener Bereich

I/10 1 x =
Freiheit, Reisen, Veränderung, Reform
Ebene 1 =
Wille, Energie
Wirkt in 10 = eigener Bereich

G/3 1 x =
Gemeinschaft, Kommunikation, Konsens
Ebene 1 =
Wille, Energie
Wirkt in 3 = eigener Bereich

M/13 1 x =
Verwandlung, Zäsur, Loslassen, Neubeginn; Höheres Wissen
Ebene 1 =
Wille, Energie
Wirkt in 13 = eigener Bereich

U/6 2 x =
Prüfungen, Analyse, Forschung, Psychologie; Sexualität
Ebene 2 =
Wissen, Intellekt
Wirkt in 12 =
Dienst am Menschen, Opfergeist, Hingabe
Studium Mensch

N/14 1 x =
Disziplin, Vorbild, Pionierarbeit
Ebene 1 =
Wille, Energie
Wirkt in 14 = eigener Bereich

D/4 2 x =
Tat, Handeln, Arbeit, Geld; Entscheidung
Ebene 2 =
Wissen, Intellekt
Wirkt in 8 =
Kosm. Ordnung, Recht, Gesundheit
Wissen um die rechten Dinge

F/17 1 x =
Freundschaft, Soziale Aufgabe
Ebene 1 =
Wille, Energie
Wirkt in 17 = eigener Bereich

R/20 1 x =
Karmische Wiederbegegnung, Frühere Fähigkeiten, Mission
Ebene 1 =
Wille, Energie
Wirkt in 20 = eigener Bereich

E/5 1 x =
Liebe, Heilsames Be-Wirken, Religio(n)
Ebene 1 =
Wille, Energie
Wirkt in 5 = eigener Bereich

M/13 1 x =
Verwandlung, Zäsur, Loslassen, Neubeginn; Höheres Wissen
Ebene 1 =
Wille, Energie
Wirkt in 13 = eigener Bereich

U/6 2 x =
Prüfungen, Analyse, Forschung, Psychologie; Sexualität
Ebene 2 =
Wissen, Intellekt
Wirkt in 12 =
Dienst am Menschen, Opfergeist, Hingabe
Studium Mensch

N/14 1 x =
Disziplin, Vorbild, Pionierarbeit
Ebene 1 =
Wille, Energie
Wirkt in 14 = eigener Bereich

D/4 2 x =
Tat, Handeln, Arbeit, Geld; Entscheidung
Ebene 2 =
Wissen, Intellekt
Wirkt in 8 =
Kosm. Ordnung, Recht, Gesundheit
Wissen um die rechten Dinge

F/17 1 x =
Freundschaft, Soziale Aufgabe
Ebene 1 =
Wille, Energie
Wirkt in 17 = eigener Bereich

R/20 1 x =
Karmische Wiederbegegnung, Frühere Fähigkeiten, Mission
Ebene 1 =
Wille, Energie
Wirkt in 20 = eigener Bereich

E/5 1 x =
Liebe, Heilsames Be-Wirken, Religio(n)
Ebene 1 =
Wille, Energie
Wirkt in 5 = eigener Bereich

U/6 **2 x =** (siehe S. 170)

D/4 **2 x =** (siehe S. 170)

U/6 **2 x =** (siehe S. 170)

D/4 **2 x =** (siehe S. 170)

Platz-Energien der Buchstaben = Anlagen

SIGISMUND FREUD

S
Erfolg, Fortschritt, Positivität
im 1. Haus =
Geltungsverständnis

I
Freiheit, Reisen, Veränderung, Reform
im 2. Haus =
Wissensverbreitung, Weltgewandtheit

G
Gemeinschaft, Kommunikation, Konsens
im 3. Haus =
Hier ist die Energie souverän/zuhause

I
Freiheit, Reisen, Veränderung, Reform
im 4. Haus =
Fleißiger Idealismus mit Kick-down

S
Erfolg, Fortschritt, Positivität
im 5. Haus =
Privatleben in den Terminkalender schreiben

M
Verwandlung, Zäsur, Loslassen, Neubeginn; Höheres Wissen
im 6. Haus =
Schwer durchschaubare Handlungen

U
Prüfungen, Analyse, Forschung, Psychologie; Sexualität
im 7. Haus =
Gewußt-wie, egal was

SIGMUND FREUD

S
Erfolg, Fortschritt, Positivität
im 1. Haus =
Geltungsverständnis

I
Freiheit, Reisen,Veränderung, Reform
im 2. Haus =
Wissensverbreitung, Weltgewandtheit

G
Gemeinschaft, Kommunikation, Konsens
im 3. Haus =
Hier ist die Energie souverän/zuhause

M
Verwandlung, Zäsur, Loslassen, Neubeginn; Höheres Wissen
im 4. Haus =
Veränderungsfreudigkeit trotz Entscheidungshemmung

U
Prüfungen, Analyse, Forschung, Psychologie; Sexualität
im 5. Haus =
Heilung der Gefühle

N
Disziplin, Vorbild, Pionierarbeit
im 6. Haus =
Muß Erkenntnisse leben und sie kommunizieren

D
Tat, Handeln, Arbeit, Geld; Entscheidung
im 7. Haus =
Greift zu bei Chancen

N
Disziplin, Vorbild, Pionierarbeit
im 8. Haus =
Vorbildcharakter, wo es um eine Höhere Ordnung geht

D
Tat, Handeln, Arbeit, Geld; Entscheidung
im 9. Haus =
Schlummertalent als Personalchef

F
Freundschaft, Soziale Aufgabe
im 10. Haus =
Barrikadenkletterer für andere

R
Karmische Wiederbegegnung, Frühere Fähigkeiten, Mission
im 11. Haus =
Kunst, Kultur, Kreativität, Spiritualität

E
Liebe, Heilsames Be-Wirken, Religio(n)
im 12. Haus =
Schokolade in der Sonne

U
Prüfungen, Analyse, Forschung; Psychologie; Sexualität
im 13. Haus =
Talent für Geisteswissenschaften; Introvertiertheit

D
Tat, Handeln, Arbeit, Geld; Entscheidung
im 14. Haus =
Kann die 5 nicht gerade sein lassen

F
Freundschaft, Soziale Aufgabe
im 8.Haus =
Sehr persönliches Ordnungsbild

R
Karmische Wiederbegegnung, Frühere Fähigkeiten, Mission
im 9. Haus =
Menschenkenntnis, Weisheit

E
Liebe, Heilsames Be-Wirken, Religio(n)
im 10. Haus =
Romeo mit den Chancen von heute

U
Prüfungen, Analyse, Forschung; Psychologie; Sexualität
im 11. Haus =
Erforschung von Psyche und Physis

D
Tat, Handeln, Arbeit, Geld; Entscheidung
im 12. Haus =
Helfersyndrom und glücklich damit

Charakterschalen

(von außen nach innen zum Charakterkern hin gelesen)

SIGISMUND FREUD

1. **Charakterschale**
auf *Wirkungsebene 1*/Wille, Energie:
Handeln S/21 =
Erfolg, Fortschritt, Positivität
Denken D/4 = Tat, Handeln, Arbeit, Geld; Entscheidung
Bewegt seinen Markt
Wirkungsbereich (21 + 4 = 25 = 7) =
Überwinden, Gewinnen

SIGISMUND FREUD

2. Charakterschale
auf *Wirkungsebene 2*/Wissen, Intellekt:
Handeln I/10 =
Freiheit, Reisen, Veränderung, Reform
Denken U/6 =
Prüfungen, Analyse, Forschung, Psychologie; Sexualität
Weltverbesserungsbemühen
Wirkungsbereich (10 + 6 = 16) =
Einweihungsweg; Lehren, Beraten, Erziehen, Therapieren

SIGISMUND FREUD

3. Charakterschale
auf *Wirkungsebene 3*/Gemeinschaft, Kommunikation, Konsens:
Handeln G/3 = Gemeinschaft, Kommunikation, Konsens
Denken E/5 =
Liebe, Heilsames Be-Wirken, Religio(n)
Die Seele vom Klavier
Wirkungsbereich (3 + 5 = 8) =
Kosmische Ordnung, Recht, Gesundheit

SIGMUND FREUD

1. **Charakterschale**
auf *Wirkungsebene 1* /Wille, Energie:
Handeln S/21 =
Erfolg, Fortschritt, Positivität
Denken D/4 = Tat, Handeln, Arbeit, Geld; Entscheidung
Bewegt seinen Markt
Wirkungsbereich (21 + 4 = 25 = 7) =
Überwinden, Gewinnen

SIGMUND FREUD

2. Charakterschale
auf *Wirkungsebene 2*/Wissen, Intellekt:
Handeln I/10 =
Freiheit, Reisen, Veränderung, Reform
Denken U/6=
Prüfungen, Analyse, Forschung, Psychologie; Sexualität
Weltverbesserungsbemühen
Wirkungsbereich (10 + 6 = 16) =
Einweihungsweg; Lehren, Beraten, Erziehen, Therapieren

SIGMUND FREUD

3. Charakterschale
auf *Wirkungsebene 3*/Gemeinschaft, Kommunikation, Konsens
Handeln G/3 =
Gemeinschaft, Kommunikation, Konsens
Denken E/5 =
Liebe, Heilsames Be-Wirken, Religio(n)
Die Seele vom Klavier
Wirkungsbereich (3 + 5 = 8) =
Kosmische Ordnung, Recht, Gesundheit

SIGISMUND FREUD

4. Charakterschale
auf *Wirkungsebene 4*/Tat, Handeln, Arbeit, Geld; Entscheidung:
Handeln I/10 =
Freiheit, Reisen, Veränderung, Reform
Denken R/20 =
Karmische Wiederbegegnung, Frühere Fähigkeiten, Mission
Vierdimensionale Lebensaufgabe
Wirkungsbereich (10 + 20 = 30 = 3) =
Gemeinschaft, Kommunikation, Konsens

SIGISMUND FREUD

5. Charakterschale
auf *Wirkungsebene 5*/Liebe, Heilsames Be-Wirken, Religio(n):
Handeln S/21 =
Erfolg, Fortschritt, Positivität
Denken F/17 =
Freundschaft, Soziale Aufgabe
Erfolg durch Idealismus
Wirkungsbereich (21 + 17= 38 = 11) =
Kunst, Kultur, Kreativität, Spiritualität

SIGISMUND FREUD

6. Charakterschale
auf *Wirkungsebene 6*/Prüfungen, Analyse, Forschung; Psychologie; Sexualität:
Handeln M/13 =
Verwandlung, Zäsur, Loslassen, Neubeginn, Höheres Wissen
Denken D/4 =
Tat, Handeln, Arbeit, Geld; Entscheidung
Stellt immer fest, daß alles nicht geht
Wirkungsbereich (13 + 4 = 17) =
Freundschaft, Soziale Aufgabe

SIGMUND FREUD

4. Charakterschale
auf *Wirkungsebene 4*/Tat, Handeln, Arbeit, Geld; Entscheidung:
Handeln M/13 =
Verwandlung, Zäsur, Loslassen, Neubeginn; Höheres Wissen
Denken R/20 = Karmische Wiederbegegnung, Frühere Fähigkeiten, Mission
Altes Wissen zur Erfüllung einer Mission
Wirkungsbereich (13 + 20= 33 = 6) =
Prüfungen, Analyse, Forschung; Psychologie; Sexualität

SIGMUND FREUD

5. Charakterschale
auf *Wirkungsebene 5*/Liebe, Heilsames Be-Wirken, Religio(n):
Handeln U/6 =
Prüfungen, Analyse, Forschung; Psychologie; Sexualität
Denken F/17 =
Freundschaft, Soziale Aufgabe
Öffentliche Konfliktbearbeitung
Wirkungsbereich 6 + 17 = 23 = 5) =
Liebe, Heilsames Be-Wirken, Religio(n)

Bitte beachten Sie (gemäß Tabelle S. 136/137) zu den Wirkungsebenen auch die *Folge-Wirkungsebenen*:

Sigismund Freud	Sigmund Freud
1., 7., 13., 19.	**1.**, 6., 11., 16., 21.
2., 8., 14., 20.	**2.**, 7., 12., 17., 22.
3., 9., 15., 21.	**3.**, 8., 13., 18.
4., 10., 16., 22.	**4.**, 9., 14., 19.
5., 11., 17.	**5.**, 10., 15., 20.
6., 12., 18.	

Namensmitte = Charakterkern

Bei ungerader Buchstaben-Anzahl hat die Namensmitte 1 Buchstaben, bei gerader Buchstaben-Anzahl 2, wie hier.

SIGISMUND FREUD
20

Karmische Aufgabe, Frühere Fähigkeiten, Mission

SIGISMUND FREUD

Handlungsaufbau:

S/21
Erfolg, Fortschritt, Positivität
I/10
Freiheit, Reisen, Veränderung, Reform
G/3
Gemeinschaft, Kommunikation, Konsens
I/10
Freiheit, Reisen, Veränderung, Reform
S/21
Erfolg, Fortschritt, Positivität
M/ 13
Verwandlung, Zäsur, Loslassen, Neubeginn; Höheres Wissen

Handlungspotential:

21 + 10+3+ 10+21 + 13 = 78 = **15**
Einfluß, Selbstverwirklichung

SIGMUND FREUD
18

Extreme, Einsatz für lebenswichtige Belange

SIGMUND FREUD

Handlungsaufbau:

S/21
Erfolg, Fortschritt, Positivität
I/10
Freiheit, Reisen, Veränderung, Reform
G/3
Gemeinschaft, Kommunikation, Konsens
M/ 13
Verwandlung, Zäsur, Loslassen, Neubeginn; Höheres Wissen
U/6
Prüfungen, Analyse, Forschung; Psychologie; Sexualität

Handlungspotential:

21 + 10 + 3 + 13 + 6 = 53 = **8**
Kosmische Ordnung, Recht, Gesundheit

Denkaufbau:

D/4
Tat, Handeln, Arbeit, Geld;
Entscheidung
U/6
Prüfungen, Analyse, Forschung;
Psychologie, Sexualität
E/5
Liebe, Heilsames Be-Wirken, Religio(n)
R/20
Karmische Wiederbegegnung,
Frühere Fähigkeiten, Mission
F/ 17
Freundschaft, Soziale Aufgabe
D/4
Tat, Handeln, Arbeit, Geld;
Entscheidung

Denkpotential:

4+6+5+20+17+4= 56 = **11**
Kunst, Kultur, Kreativität, Spiritualität

Denkaufbau:

D/4
Tat, Handeln, Arbeit, Geld;
Entscheidung
U/6
Prüfungen, Analyse, Forschung;
Psychologie, Sexualität
E/5
Liebe, Heilsames Be-Wirken, Religio(n)
R/20
Karmische Wiederbegegnung,
Frühere Fähigkeiten, Mission
F/ 17
Freundschaft, Soziale Aufgabe

Denkpotential:

4 + 6 + 5 + 20 + 17 = 52 = **7**
Überwinden, Gewinnen

ESSENZ

Lebensthema	Disziplin, Vorbild, Erfindungsreichtum
Lebenstendenzen	Mit analytischem Verstand zum Erfolg Altes Wissen um neue Wege und Aufgaben Studium Mensch Wissen um die rechten Dinge
Anlagen	Geltungsverständnis Wissensverbreitung, Weltgewandtheit Souverän in Gemeinschaft, Kommunikation, Konsens Fleißiger Idealismus mit Kick-down Privatleben in den Terminkalender schreiben Schwer durchschaubare Handlungen Gewußt wie, egal was Vorbildcharakter, wo es um eine höhere Ordnung geht Schlummertalent als Personalchef Barrikadenkletterer für andere Kunst, Kultur, Kreativität, Spiritualität Schokolade in der Sonne Talent für Geisteswissenschaften; Introvertiertheit Kann die 5 nicht gerade sein lassen
Charakterschalen	Bewegt seinen Markt Weltverbesserungsbemühen Die Seele vom Klavier Vierdimensionale Lebensaufgabe Erfolg durch Idealismus Stellt immer fest, daß alles nicht geht
Charakterkern	Karmische Aufgabe, Frühere Fähigkeiten, Mission

Sigismund Freud.

Charakter-Dia von Sigismund Freud

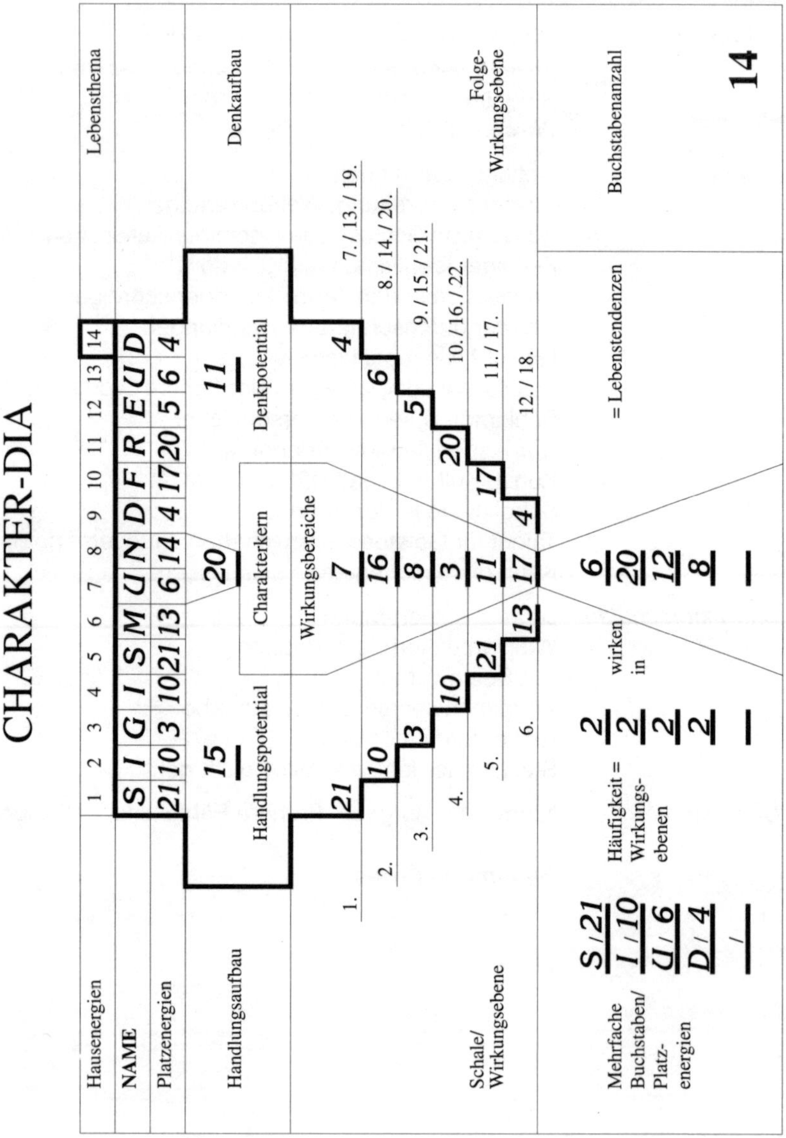

ESSENZ

Lebensthema	Hingebungsvoller Dienst am Menschen
Lebenstendenzen	Studium Mensch Wissen um die rechten Dinge
Anlagen	Geltungsverständnis Wissensverbreitung, Weltgewandtheit Souverän in Gemeinschaft, Kommunikation, Konsens Veränderungsfreudigkeit, trotz Entscheidungshemmung Heilung der Gefühle Muß Erkenntnisse leben und sie kommunizieren Greift zu bei Chancen Sehr persönliches Ordnungsbild Menschenkenntnis, Weisheit Romeo mit den Chancen von heute Erforschung von Psyche und Physis Helfersyndrom und glücklich damit
Charakterschalen	Bewegt seinen Markt Weltverbesserungsbemühen Die Seele vom Klavier Altes Wissen zur Erfüllung einer Mission Öffentliche Konfliktbearbeitung
Charakterkern	Extreme, Einsatz für lebenswichtige Belange
	Sigmund Freud.

Charakter-Dia von Sigmund Freud

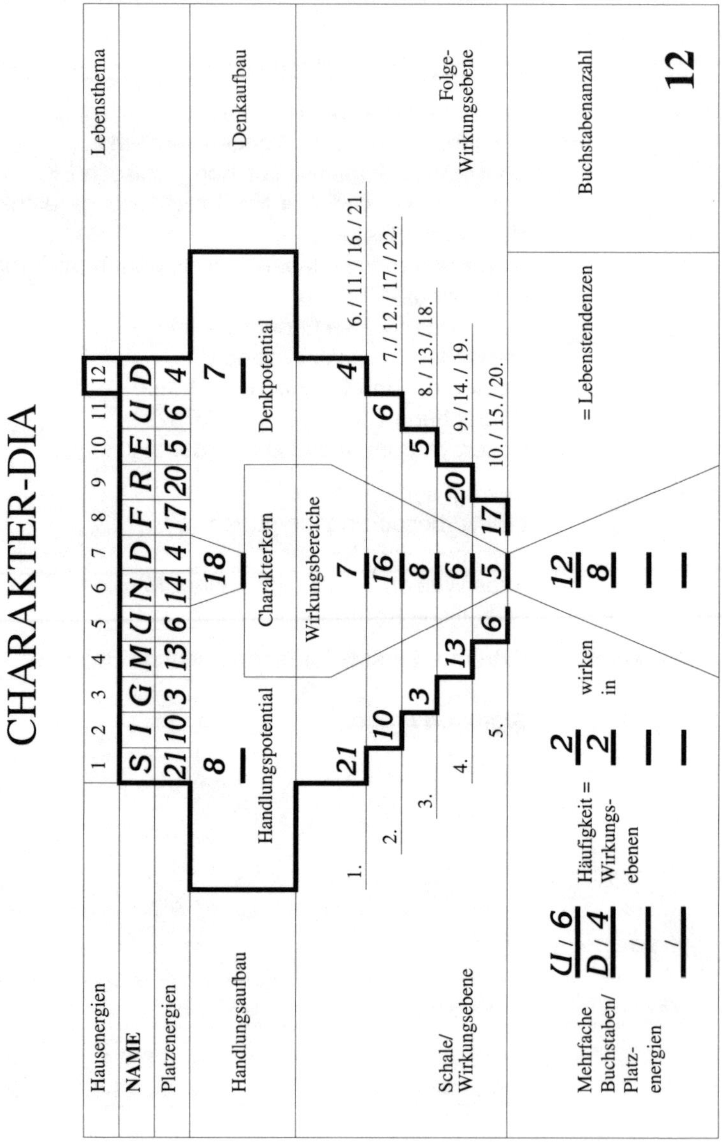

Noch mehr Freud

Dem Brauch entsprechend erhielt Sigismund Freud aber auch einen jüdischen Vornamen: SCHLOMO. Wir haben Sigismund mit Sigmund vergleichen können. Nun wollen wir sehen, wer sich unter dem quasi verborgenen Namen SCHLOMO verbirgt. Und erneut vergleichen.

SCHLOMO FREUD

Buchstaben-Anzahl = Lebensthema

10 Buchstaben =
Freiheitsliebender Mensch, der reisen sollte.
Rebell, Reformer
Korrespondenz 1 =
Wille, Energie

Buchstaben-Häufigkeit = Lebens-Tendenzen

O/16 2 x =
Einweihungsweg; Lehren, Beraten, Erziehen, Therapieren
Ebene 2 =
Wissen, Intellekt
Wirkt in 5 =
Liebe, Heilsames Be-Wirken
Sturzflug auf Helferaufgaben

Platz-Energien der Buchstaben = Anlagen

SCH
Extreme, Einsatz für lebenswichtige Belange
im 1. Haus =
Braucht Herausforderung

L
Dienst am Menschen, Opfergeist, Hingabe
im 2. Haus =
Obrigkeitsdenken
Appell an den aufrechten Gang

O
Einweihungsweg; Lehren, Beraten, Erziehen, Therapieren
im 3. Haus =
Braucht geistige Berührung

M
Verwandlung, Zäsur, Loslassen, Neubeginn; Höheres Wissen
im 4. Haus =
Veränderungsfreudigkeit
trotz Entscheidungshemmung

O
Einweihungsweg; Lehren, Beraten, Erziehen, Therapieren
im 5. Haus =
Mit Authentizität für Großes eintreten

F
Freundschaft, Soziale Aufgabe
im 6. Haus =
Krisenintervention

R
Karmische Wiederbegegnung, Frühere Fähigkeiten, Mission
im 7. Haus =
Überwinden, Gewinnen

E
Liebe, Heilsames Be-Wirken
im 8. Haus =
Herz auf dem rechten Fleck

U
Prüfungen, Analyse, Forschung, Psychologie; Sexualität
im 9. Haus =
Denk-Akrobat, kann auch um die Ecke gucken

D
Tat, Handeln, Arbeit, Geld; Entscheidung
im 10. Haus =
Rebell, und wehe, wenn nicht!

Charakterschalen

(von außen nach innen zum Charakterkern hin gelesen)

SCHlomo freuD

1. Charakterschale
auf der *Wirkungsebene 1* /Wille, Energie:
Handeln SCH/18 =
Extreme, Einsatz für lebenswichtige Belange
Denken D/4 =
Tat, Handeln, Arbeit, Geld; Entscheidung
Leitet den Krisenstab
Wirkungsbereich (18 + 4 = 22) =
Astralwirken, Sensitivität, Nonkonformismus

schLomo freUd

2. Charakterschale
auf der *Wirkungsebene 2*/Wissen, Intellekt:
Handeln L/12 =
Dienst am Menschen, Opfergeist, Hingabe
Denken U/6 =
Prüfungen, Analyse, Forschung, Psychologie; Sexualität
Amt für Schadensbegrenzung
Wirkungsbereich (12 + 6 = 18) =
Extreme, Einsatz für lebenswichtige Belange

schlOmo frEud

3. Charakterschale
auf der *Wirkungsebene 3*/Gemeinschaft, Kommunikation, Konsens:
Handeln O/16 =
Einweihungsweg; Lehren, Beraten, Erziehen, Therapieren
Denken E/5 =
Liebe, Heilsames Be-Wirken
Liebt die Herausforderung
Wirkungsbereich (16 + 5 = 21) =
Erfolg, Fortschritt, Positivität

4. Charakterschale
auf der *Wirkungsebene 4/*Tat, Handeln, Arbeit, Geld; Entscheidung:
Handeln M/ 13 =
Verwandlung, Zäsur, Loslassen, Neubeginn; Höheres Wissen
Denken R/20 =
Karmische Wiederbegegnung, Frühere Fähigkeiten, Mission
Altes Wissen zur Erfüllung einer Mission
Wirkungsbereich (13 + 20 = 33 = 6) =
Prüfungen, Analyse, Forschung, Psychologie; Sexualität

Bitte beachten Sie (gemäß Tabelle S. 130)
zu den Wirkungsebenen auch die
Folge-Wirkungsebenen:

1., 5., 9., 13., 17., 21.
2., 6., 10., 14., 18., 22.
3., 7., 11., 15., 19.
4., 8., 12., 16., 20.

Namensmitte – Charakterkern

SCHLOMO FREUD
6

Prüfungen, Analyse, Forschung, Psychologie; Sexualität

SCHLOMO FREUD

Handlungsaufbau:

SCH/ 18
Extreme, Einsatz für lebenswichtige Belange
L/12
Dienst am Menschen, Opfergeist, Hingabe
O/16
Einweihungsweg;
Lehren, Beraten, Erziehen, Therapieren
M/13
Verwandlung, Zäsur, Loslasen, Neubeginn; Höheres Wissen

Handlungspotential:

18 + 12+ 16+ 13 = 59 **= 14**
Disziplin, Vorbild, Pionierarbeit

SCHLOMO FREUD

Denkaufbau:

D/4
Tat, Handeln, Arbeit, Geld; Entscheidung
U/6
Prüfungen, Analyse, Forschung; Psychologie; Sexualität
E/5
Liebe, Heilsames Be-Wirken; Religio(n)
R/20
Karmische Wiederbegegnung; Frühere Fähigkeiten, Mission

Denkpotential:

4 + 6 + 5 + 20 = 35 **= 8**
Kosmische Ordnung, Recht, Gesundheit

ESSENZ

Lebensthema	Freiheitsliebender Mensch, der reisen sollte; Rebell, Reformer
Lebenstendenzen	Sturzflug auf Helferaufgaben
Anlagen	Braucht Herausforderung Appell an den aufrechten Gang Braucht geistige Berührung Veränderungsfreudigkeit trotz Entscheidungshemmung Mit Authentizität für Großes eintreten Krisenintervention Überwinden, Gewinnen Herz auf dem rechten Fleck Denk-Akrobat, kann auch um die Ecke gucken Rebell, und wehe, wenn nicht!
Charakterschalen	Leitet den Krisenstab Amt für Schadensbegrenzung Liebt die Herausforderung Altes Wissen zur Erfüllung einer Mission
Charakterkern	Prüfungen, Analyse, Forschung, Psychologie; Sexualität
	Schlomo Freud.

Charakter-Dia von Schlomo Freud

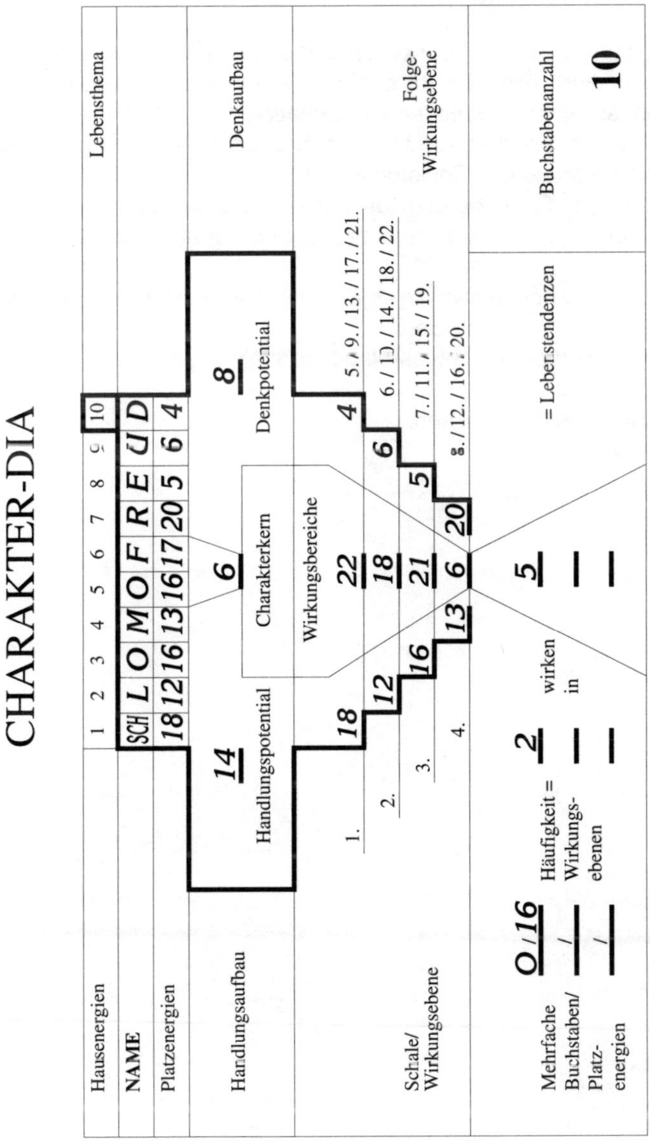

Vom inneren zum äußeren Menschen
S. Freud

Lesen Sie nun die Interpretationen der vorherigen Seiten, Charakterschalen und Charakterkern, einmal in umgekehrter Reihenfolge. Beginnen Sie bei der letzten, enden Sie bei der ersten Interpretation.

Bitte lesen Sie die Interpretationen erst einzeln und dann im Vergleich: Sigismund, Sigmund und Schlomo Freud.

Zuerst also den Charakterkern, dann die innerste und damit verborgenste Charakterschale, die zweite, die dritte, usw. bis zur äußeren, sichtbarsten.

Denn:

Von außen nach innen gelesen ergibt sich schließlich nur, wie Freud wirkte.

Dies haben Sie schon studiert.

Von innen nach außen gelesen ergibt sich hingegen, wie er sich gefühlt haben mag.

Dies sollten Sie auch wissen.

Viel Freud!

Was ein Charakter-Dia alles kann

Freud für Fortgeschrittene

Anfänglich werden Sie ein Charakter-Dia auf konventionelle Weise lesen, also genau in der Reihenfolge, in der es aufgebaut ist. Damit allein schon erhalten Sie eine Fülle von Informationen, die Sie sich wahrscheinlich auch notieren werden.

Sobald Sie etwas vertrauter mit dem Diagramm sind, können Sie aber auch Fragen zu bestimmten Lebensbereichen einer Person stellen und direkt die Antwort finden. Eines Tages werden Sie entdecken, daß ein Charakter-Dia eine fast unerschöpfliche Wissensquelle ist.

Dazu möchte ich Ihnen – auszugsweise – vermitteln, auf welch vielfältige Art und Weise ein Charakter-Dia gelesen werden – was ein Charakter-Dia alles kann.

Kurz zu Sigismund Freud:

Lebensthema Disziplin. Eine Ausbildung von Kind an also, zumal im Haus der Ordnung, als 8. Platzenergie ebenfalls die Disziplin herrscht. Wie entwickelt sich bei einer solchen Konstellation das Handlungspotential 15, die Selbstverwirklichung? Die 15 ist der Korrespondenzfaktor von 6, und im 6. Haus finden wir das Thema Loslassen. Im 13. Haus des Loslassens wiederum finden wir die Energie 6. Wo sonst noch? Der Erfolg, sagt die Häufigkeit des Buchstabens S, wird den Wirkungsbereich 6 haben, wobei 6 selbst den Wirkungsbereich 12 und damit den Dienst am Menschen, aber eben auch den Opfergeist hat. Die 6 steht für Prüfungen, Analyse, Forschung, Psychologie, Sexualität.

CHARAKTER-DIA

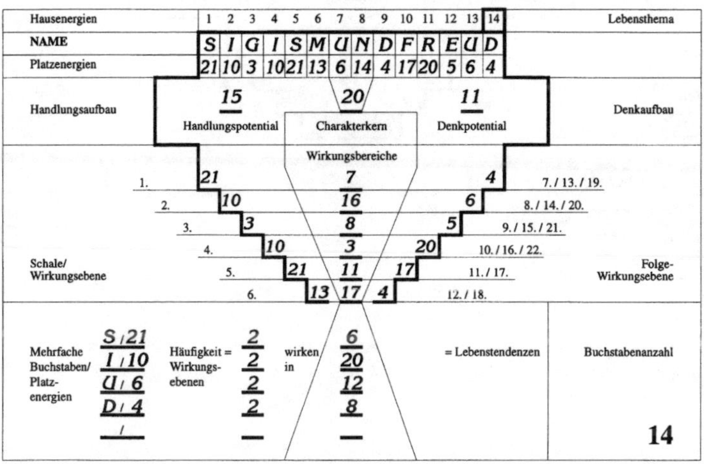

Kurz zu Sigismund alias Schlomo Freud:
Am meisten ist Freud dort zu finden, wo er sich versteckt: in seinem beigegebenen Vornamen. Lebensthema Freiheit, Reform, die sich im 10. Haus durch die Arbeit zeigt, gepaart mit dem Willen, sich mit Extremen zu befassen und das Wissen in den Dienst am Menschen zu stellen. Das Thema Liebe verbunden mit einem Einweihungsweg. Das 6. Haus weist auf eine Erfahrung mit Sexualität aus einer Sozialen Aufgabe oder Freundschaft, und der Charakterkern ist ebenfalls 6.

Hier findet womöglich Verdrängung bzw. Kompensation statt.

In diesem Zusammenhang ist die 4. Charakterschale, die die Wirkungsebene 4/Arbeit repräsentiert, besonders signifikant: Wirkungsbereich der Schale 6/Forschung, Psychologie, Sexualität – verbunden mit den Folge-Wirkungsebenen 8/Ordnung, 12/Dienst, 16/Einweihungsweg, 20/Mission.

Alles über den Kopf leben?

Mal sehen: die 2. Charakterschale, die die Wirkungsebene 2/Wissen repräsentiert, hat den Wirkungsbereich 18/Extreme, was zum Willen paßt, und was gedanklich mit Erforschung der Sexualität zu tun haben kann – wie auch in der ersten Folge-Wirkungsebene 6 noch einmal angeboten wird. Folge-Wirkungsebenen hiervon: Freiheit, Reform; Disziplin, Pionierarbeit; Extreme, Nonkonformismus.

CHARAKTER-DIA

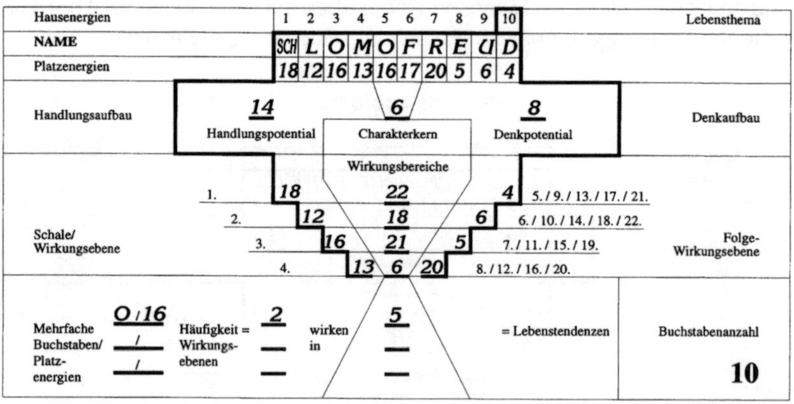

Nun zu Sigmund Freud:

Dienst am Menschen ist das Thema und wird auch gleich bestimmt durch die Arbeit – mitbestimmt durch offenbar das Loslassen von Geld, das durch die Arbeit erworben wird. Und richtig: die 4. Charakterschale zeigt einen Konflikt auf. Dazu sagt die Häufigkeit des Buchstabens U, daß durch den Bereich der 6 Opfergeist gefordert ist. Ein Charakter, der zu Extremen neigt, und die Extreme zeigen sich auch in Charakterschale 13, 8 und 3, wo es bei Freud um Liebe, Ordnung und Gemeinschaft geht. Verständlich, wenn im 6. Haus die Disziplin auftaucht. Interessant auch, daß ausgerechnet im 7. Haus durch die Arbeit etwas zu überwinden ist, wie ja auch die 1. Charakterschale in Verbindung z. B. mit der 6. zeigt.

Äußerlich ein Sigmund Freud, der überwinden half, therapierte, das Richtige wußte, forschte, und Heilsames bewirkte. Von innen her betrachtet ein Sigmund Freud, der mit der 5. Charakterschale Liebe offenbar Konflikte hatte, Arbeit und Sexualität und Loslaß-Themen miteinander verbinden und dies durch die 3. Charakterschale zum Gesundheitsthema machen konnte, dann aber zugleich mit der Ebene des Wissens die Einweihung erkennen läßt, den gedanklichen Umgang mit allen 6er-Themen und schließlich die Willenskraft aufbringt, Erfolg zu haben durch eigene Überwindung.

Dienst am Menschen war das Thema, und die 12. Charakterschale weist aus, daß hier Forschung, Psychologie und Sexualität die Ideologie bestimmen, und die Handlungen aus dem Bereich 10 erfolgen – wenn vielleicht auch auf der Wissensebene, die zugleich die Ebene von Überwinden, Dienst, Sozialer Aufgabe und Nonkonformismus war.

CHARAKTER-DIA

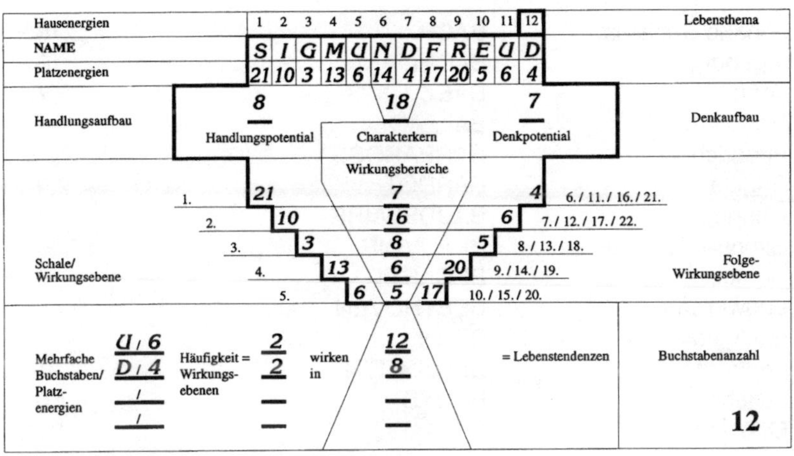

Namen

Untersuchte Namen

Die Zahlen hinter den Namen verweisen auf die Kapitel 1 - 22.
In den Kapiteln A – TH sind die Namen entsprechend dem Anfangsbuchstaben des Vornamens verwendet.

Red	ADAIR	1, 10
Konrad	ADENAUER	20
Alfred	ADLER	20
Theodor W.	ADORNO	
	AGRIPPA VON NETTESHEIM	
Tomaso	ALBINONI	
Dante	ALIGHIERI	
Alois	ALZHEIMER	20
Hans Christian	ANDERSEN	
Jean	ANOUILH	
	ARCHIMEDES	20
	ARISTOTELES	12,16
Louis	ARMSTRONG	
Neil	ARMSTRONG	3,12,14, 21
Ernst Moritz	ARNDT	
	ASKLEPIOS	5,17,21
Johann Sebastian	BACH	2,10
Ingeborg	BACHMANN	16
Joan	BAEZ	7
Honoré de	BALZAC	
Friedrich	BARBAROSSA	
Brigitte	BARDOT	2,9
Charles	BAUDELAIRE	
Simone de	BEAUVOIR	16,20
Samuel	BECKETT	9
Ludwig van	BEETHOVEN	
Gottfried	BENN	
Leonard	BERNSTEIN	21
Joseph	BEUYS	10
Otto von	BISMARCK	21

Pseudonyme und wer dahintersteht*)

Abraham A Santa Clara	Johann Ulrich Megerle
Theodor W. Adorno	Theodor Wiesengrund
Anouk Aimée	Francoise Sorya
Ingrid Andree	Ingrid Unverhau
Elizabeth Arden	Florence Lewis
Brigitte Bardot	Camille Javal
Alexander Graf Cagliostro	Giuseppe Balsamo
Maria Callas	Cecilia Sophia Anna Meneghini
Agatha Christie	Agatha Mary Clarissa Miller
Lukas Cranach d. Ä.	Lukas Müller
Lil Dagover	Marta Maria Lilitts
Doris Day	Doris Kappelhoff
Catherine Deneuve	Catherine Dorleac
Marlene Dietrich	Maria Magdalene von Losch
William Faulkner	William Harrison Falkner
Zsa Zsa Gabor	Sari Gabor
George Gershwin	Jacob Gershwin
Therese Giehse	Therese Gift
El Greco	Domenikos Theotokopulos
Johannes Gutenberg	Johannes Gensfleisch zur Laden
Kaspar Hauser	Kurt Tucholsky
Audrey Hepburn	Edda Hepburn von Heemstra
Patricia Highsmith	Patricia Plangman
Friedensreich Hundertwasser	Friedrich Stowasser
Klabund	Alfred Henschke
Le Corbusier	Charles-Edouard Jeanneret
Shirley MacLaine	Shirley MacLean Beaty
Golda Meir	Goldie Myerson
Yves Montand	Ivo Livi
Marilyn Monroe	Norma Jean Baker
Emil Nolde	Emil Hansen
Nostradamus	Michel de Notre-Dame
Jacques Offenbach	Jakob Eberst
George Orwell	Eric Arthur Blair
Lilly Palmer	Lillie Marie Peiser
Paracelsus	Theophrastus Bombastus von Hohenheim
Edith Piaf	Edith Giovanna Gassion

Edgar Allan Poe	Edgar Poe
Francoise Sagan	Francoise Quoirez
Romy Schneider	Rosemarie Magdalena Albach
Simone Signoret	Simone Henriette Charlotte Kaminker
Stendahl	Marie Henry Beyle
Leo Trotzki	Leib Dawidowitsch Bronstein
Mark Twain	Samuel Langhorne Clemens
Tennessee Williams	Thomas Lanier Williams

*) Quelle: Barthel, Lexikon der Pseudonyme, Düsseldorf und Wien, 1986

TEIL III

Anhang

- Studieranhang
- LeserInnen-Service
  - Für Ihre Notizen
  - Für Ihre Namens-Eintragungen
- Die Autorin

Studieranhang

A

2 x A
Jeanne d'Arc
Maria de Medici
Karl May
Karl Marx
Anne Frank
Red Adair
Isaac Newton
Mark Twain
Max Planck
Spartacus
Greta Garbo
Patricia Highsmith
Pablo Picasso
Paracelsus
Angelika Hoefler
Nostradamus
Agrippa von Nettesheim

3 x A
Clara Schumann
Franz Kafka
Jean Paul Sartre
Maria Stuart
Napoleon Bonaparte
Pablo Casals
Marc Chagall
Margaret Thatcher
Rainer Maria Rilke
Margarethe Schreinemakers
Elisabeth Noelle-Neumann-Maier-Leibnitz
Alexander Graf Cagliostro

4 x A
Angelica Kauffmann
Maria Callas
Anna Magnani
Mahatma Gandhi
Wolfgang Amadeus Mozart
Giacomo Girolamo Casanova

B

2 x B
Jakob Böhme
Brigitte Bardot
Barbra Streisand
Ingeborg Bachmann
Johann Sebastian Bach
Elisabeth Noelle-Neumann-Maier-Leibnitz

G

2x G
Ingeborg Bachmann
August Strindberg
George Bernard Shaw
Hildegard von Bingen
Georg Friedrich Händel
Alexander Graf Cagliostro
Greta Garbo
Edvard Grieg
Günter Grass
Carl Gustav Jung
Galileo Galilei
Vincent van Gogh

3 x G
George Gershwin
George Washington
Johann Wolfgang von Goethe

D

2 x D
Alfred Adler
Edvard Grieg
Mildred Scheel
Salvador Dali
Sigmund Freud
Theodor W. Adorno
Hildegard Knef
Leonardo da Vinci
Georg Friedrich Händel
Johann Gottfried Herder
Karlfried Graf Dürckheim
Friedensreich Hundertwasser
Red Adair

3 x D
Konrad Duden

E

2 x E
Seneca
El Greco
Paul Klee
Edith Stein
Emil Nolde
James Dean
Archimedes
Emile Zola
Bette Davis
Jeanne d' Arc
Joseph Fouché
Alfred Nobel
Aristoteles
Henry Miller
Jean Cocteau
Stefan Zweig
Theodor Heuss

3 x E
Mildred Scheel

4 x E
Helen Keller

U/Ü, V, W

1 x U/Ü, V, W
Marie Curie
Henri Dunant

2 x U/Ü, V, W
Wolfgang Amadeus Mozart
Friedensreich Hundertwasser
Victor Hugo
Arthur Schopenhauer
Gustav Heinemann
Gertrud von Le Fort
Maurice Ravel
Audrey Hepburn
Auguste Renoir
Virginia Woolf
Julius Hackethal
Eugen Drewermann
Albertus Magnus
Antonio Vivaldi
Johann Wolfgang von Goethe
Sigmund Freud

3 x U/Ü, V, W
Gaius Julius Caesar
Marcus Tullius Cicero
Henri Toulouse-Lautrec
Rudolf Virchow
Carl Gustav Jung

4 x U/Ü, V, W
Ludwig van Beethoven
Walther von der Vogelweide

Z

1 x Z
Tizian
Joan Baez
Franz Kafka
Franz Schubert
Stefan Zweig
Liza Minelli
Alice Schwarzer
Heinz Rühmann
Zarah Leander
Konrad Lorenz
Karlheinz Böhm
Alois Alzheimer
Honoré de Balzac
Elizabeth Taylor
Franz Anton Mesmer
Richard von Weizsäcker
Karlheinz Stockhausen
Wolfgang Amadeus Mozart

2 x Z
Franz Liszt
Zsa Zsa Gabor

H, CH

1 x H, CH
Hippokrates
Karlfried Graf Dürckheim

2 x H, CH
Helmut Kohl
Ricarda Huch
Heinrich Böll
Charlie Chaplin
Heinz Rühmann
Mahatma Gandhi
Johannes Brahms
Winston Churchill
Hanns Dieter Hüsch
Heinrich von Kleist
Patricia Highsmith
Karlheinz Stockhausen
Manfred Köhnlechner
Johann Sebastian Bach
Georg Friedrich Händel
Annette von Droste-Hülshoff
Friedensreich Hundertwasser

3 x H, CH
Heinrich Heine

T

1 x T
Platon
Tizian
Plutarch
Sokrates
Edith Stein
Albert Schweitzer
Ernst Bloch
Leo Trotzki
Heinrich von Kleist
Mao Tse Tung
Mark Twain
Robert Koch
Franz Liszt
Christa Wolf
Greta Garbo
Nostradamus
Victor Hugo
Franz Schubert
Martin Luther
Martin Luther King

2 x T
Aristoteles
Kurt Tucholsky
Samuel Beckett
Albert Einstein
Bette Davis
Margaret Thatcher
Anne Sophie Mutter
Bertha von Suttner
Caterina Valente
Ernst Moritz Arndt
Marie Antoinette
Otto von Bismarck
August Strindberg
Gertrud von Le Fort
Christian Morgenstern
Erasmus von Rotterdam

Agrippa von Nettesheim
Antoine de Saint-Exupery
Henri de Toulouse-Lautrec

3 x T
Brigitte Bardot
Margarethe von Trotta
Annette von Droste-Hülshoff

I, J, Y

1 x I, J, Y
Jeanne d' Arc
Willy Brandt
Alice Schwarzer
Red Adair

2 x I, J, Y
Tizian
Joan Miro
Edith Piaf
Laertios Diogenes
Simone de Beauvoir
Hildegard von Bingen
Edith Stein
Jan van Eyck
Joseph Beuys
Joseph Haydn
Frederic Chopin
Marie Curie
Marie Antoinette
Hillary Clinton
Bill Clinton
Winston Churchill
Romy Schneider
Marilyn Monroe
Heinrich Böll
Albert Einstein
Alexander Mitscherlich
Johann Sebastian Bach
William Shakespeare
Richard von Weizsäcker
Rainer Werner Fassbinder
Karlfried Graf Dürckheim
Giacomo Girolamo Casanova
Julius Hackethal
Friedensreich Hundertwasser

3 x I, J, Y
Heinrich von Kleist
Rainer Maria Rilke
Gaius Julius Caesar
Indira Gandhi
Maria de Medici
Antoine de Saint-Exupery
Liza Minelli
Virginia Woolf

4 x I, J, Y
Patricia Highsmith
Jimi Hendrix
Dietrich Fischer-Dieskau
Maximilien Robespierre
Elisabeth Noelle-Neumann-Maier-Leibnitz

C, K

1 x C, K
Karl Marx
Konrad Adenauer
Oscar Wilde
Marco Polo
Hans Küng
Pablo Picasso
Immanuel Kant
Johannes Kepler
Jeanne d' Arc
Stephen Hawking
Maria de Medici
James Cook

2 x C, K
Max Planck
Franz Kafka
Jan van Eyck
Hubert van Eyck
Jean Cocteau
Käthe Kollwitz
Enrico Caruso
Anton Bruckner
Charles Dickens
Samuel Beckett
Angelica Kauffmann
Elisabeth Flickenschildt
Julius Hackethal
Giacomo Girolamo Casanova

3 x C, K
Nikolaus Kopernikus
Marcus Tullius Cicero
Karlfried Graf Dürckheim

L

1 x L
Aristoteles
Martin Luther
Jean Paul Sartre
Neil Armstrong
Marilyn Monroe
Benjamin Franklin
Johann Wolfgang von Goethe

2 x L
Paul Klee
Emile Zola
Emil Nolde
Nelly Sachs
Marc Chagall
Mildred Scheel
Walter Scheel
Willy Brandt
Heinrich Böll
Wilhelm Busch
Alfred Adler
Elvis Presley
Friedrich Schiller
Charlie Chaplin
Florence Nightingale
Käthe Kollwitz
Helmut Kohl
Alois Alzheimer
Wilhelm Conrad Röntgen
Henri de Toulouse-Lautrec

3 x L
Liv Ullmann
Hillary Clinton
Bill Clinton
Helen Keller
Selma Lagerlöf
Elisabeth Flickenschildt
Liza Minelli
Will Quadflieg
Liselotte Pulver
Else Lasker-Schüler
Niccolo Machiavelli

4 x L
Lilly Palmer
Galileo Galilei
Elisabeth Noelle-Neumann-Maier-Leibnitz

M

1 x M
Golda Meir
James Dean
Marco Polo
Mark Twain
Max Planck
Mao Tse Tung
Jimi Hendrix
Helmut Kohl
Karl Marx
Lilly Palmer
Tennessee Williams
Karlfried Graf Dürckheim
Clara Schumann
Maria Callas
Maria Stuart
Martin Luther
Mildred Scheel
Romy Schneider
Nostradamus
Marcel Proust
Karlheinz Böhm
Nana Mouskouri
Rosa Luxemburg
Eugen Drewermann
Neil Armstrong
Marie Antoinette
Sigmund Freud

2 x M
Erich Fromm
Thomas Mann
Marilyn Monroe
Immanuel Kant
Mahatma Gandhi
Franz Anton Mesmer
Erasmus von Rotterdam
Giacomo Girolamo Casanova
Margarethe Schreinemakers
Wolfgang Amadeus Mozart

N

1 x N

Mao Tse Tung
Yoko Ono
Friedrich Nietzsche
Renate Schmidt
Angelika Hoefler
Winston Churchill
Francois Villon

2 x N

Hans Küng
Thomas Mann
Jan van Eyck
Jeanne d' Arc
Liv Ullmann
Clara Schumann
Isaac Newton
Indira Gandhi
Konrad Lorenz
Frank Sinatra
Marilyn Monroe
Nana Mouskouri
Neil Armstrong
Stephen Hawking
Albert Einstein
Francoise Sagan
Hillary Clinton
Bill Clinton
Johannes Brahms
Tomaso Albinoni
Hanns Dieter Hüsch
Anne Sophie Mutter
Bertha von Suttner
Ernest Hemingway
Martin Luther King
Werner Heisenberg

3 x N

Anne Frank
Henri Dunant
John F. Kennedy
Hildegard von Bingen
Johannes Gutenberg
Wilhelm Conrad Röntgen
Napoleon Bonaparte
Johann Sebastian Bach
Antonin Dvorak
Heinz Rühmann
Anton Bruckner
Leonard Bernstein
Erich von Däniken
Ingeborg Bachmann
Eugen Drewermann

4 x N

Anna Magnani
Anthony Quinn
Benjamin Franklin
Uta Ranke-Heinemann
Johann Wolfgang von Goethe

5 x N

Elisabeth Noelle-Neumann-Maier-Leibnitz

X

1 x X

Max Bruch
Karl Marx
Xanthippe
Max Planck
Richard Nixon
Jimi Hendrix
André Malraux
Axel Springer
Max Horkheimer
Alexander Mitscherlich
Antoine de Saint-Exupery
Maximilien Robespierre
Alexander Graf Cagliostro

O/Ö

1 x O/Ö

Aristoteles
Hippokrates
Homer
Nostradamus
Francoise Sagan
Angelika Hoefler
Ingeborg Bachmann
O. W. Fischer
Oscar Wilde
Emile Zola
Erich Fromm
Richard von Weizsäcker
Isaac Newton
Maximilien Robespierre

2 x O/Ö
Joan Miro
James Cook
Leo Trotzki
Robert Koch
Jacob Böhme
John Lennon
Joseph Fouché
Sophia Loren
Theodor Heuss
Enrico Caruso
Pablo Picasso
Rudolf Virchow
Konrad Lorenz
Antonin Dvorak
Marilyn Monroe
Nana Mouskouri
Virginia Woolf
George Washington
Gertrud von Le Fort
Simone de Beauvoir
Margarethe von Trotta
Nikolaus Kopernikus
Erasmus von Rotterdam
Wilhelm Conrad Röntgen
Johann Gottfried Herder
Wolfgang Amadeus Mozart
Alexander Graf Cagliostro

3 x O/Ö
Marco Polo
Otto von Bismarck
Napoleon Bonaparte
Annette von Droste-Hülshoff

4 x O/Ö
Johann Wolfgang von Goethe
Theodor W. Adorno
Yoko Ono
Giacomo Girolamo Casanova

P, PH, F

1 x P, PH, F
Platon
Epikur
Pythagoras
Asklepios
Rainer Werner Fassbinder
Antoine de Saint-Exupery
Angelika Hoefler
Elisabeth Flickenschildt
Hildegard Knef
Edgar Allan Poe
Alexander Graf Cagliostro
Sophia Loren
Manfred Köhnlechner
John F. Kennedy
Sigmund Freud

2 x P, PH, F
Hippokrates
Carl Orff
Edith Piaf
Franz Kafka
Joseph Fouché
Jacques Offenbach
Pablo Picasso
Napoleon Bonaparte
Peter Paul Rubens
Angelica Kauffmann
Agrippa von Nettesheim
Karlfried Graf Dürckheim
Annette von Droste-Hülshoff

SCH, SH, TS, TZ

1 x SCH, SH, TS, TZ
Mao Tse Tung
Mildred Scheel
Alice Schwarzer
George Washington
Alexander Mitscherlich

2 x SCH, SH, TS, TZ
Albert Schweitzer
Friedrich Nietzsche

Q

1 x Q
Anthony Quinn
Will Quadflieg
Jacques Offenbach
Helmut Qualtinger
Salvatore Quasimodo
Jean Jacques Rousseau

R

1 x R
Dante Alighieri

2 x R
Carl Orff
Karl Marx
Elisabeth Kübler-Ross
Erich Fromm
Greta Garbo
Marie Curie
Frederic Chopin
Edvard Grieg
Franz Schubert
Ernst Barlach
Erich Kästner
Maria Stuart
Rudolf Virchow
Alice Schwarzer
Axel Springer
Marcel Proust
Maria Theresia
Maurice Ravel
Brigitte Bardot
Max Horkheimer
Konrad Lorenz
Albert Schweitzer
Audrey Hepburn
René Descartes
Jean Paul Sartre
Bertha von Suttner
Else Lasker- Schüler
Martin Luther
Martin Luther King
Marcus Tullius Cicero

3 x R
Friedrich Ebert
Richard von Weizsäcker
Margaret Thatcher
Albrecht Dürer
Richard Wagner
Pierre Larousse
Barbra Streisand
Arthur Schopenhauer
Gertrud von Le Fort
Werner Heisenberg
Margarethe von Trotta
Georg Friedrich Händel

4 x R
Friedrich Barbarossa
Margarethe Schreinemakers
Karlfried Graf Dürckheim

5 x R
Rainer Werner Fassbinder

S

1 x S
Seneca
Hans Küng
Edith Stein
James Dean
Oscar Wilde
Sigmund Freud
Oskar Lafontaine

2 x S
Aristoteles
Sokrates
Asklepios
Spartacus
Paracelsus
Nelly Sachs
Joseph Beuys
Theodor Heuss
Nostradamus
Louis Pasteur
Pablo Picasso
Johannes Brahms
Johann Sebastian Bach
Pierre Larousse
August Strindberg
Else Lasker-Schüler
Barbra Streisand
Friedrich Barbarossa
Karlheinz Stockhausen

3 x S
Gaius Julius Caesar
Richard Strauss
Tennessee Williams
Elisabeth Kübler-Ross

TH

1 x TH

Xanthippe
Edith Piaf
Pythagoras
Thomas Mann
Käthe Kollwitz
Martin Luther
Martin Luther King
Agatha Christie
Margaret Thatcher
Arthur Schopenhauer
Bertha von Suttner
Thomas Alva Edison
Theodor Heuss
Patricia Highsmith
Margarethe von Trotta
Margarethe Schreinemakers
Johann Wolfgang von Goethe

2 x TH

Katharina Thalbach

NOTIZEN

NOTIZEN

Für Ihre Namens-Eintragungen

1	2	3	4	5	6	7	8	9	10	11	12	13	14	15	16	17	18	19	20	21	22

1	2	3	4	5	6	7	8	9	10	11	12	13	14	15	16	17	18	19	20	21	22

CHARAKTER-DIA

für alle Namen
von 5 bis 25 Buchstaben

CHARAKTER-DIA

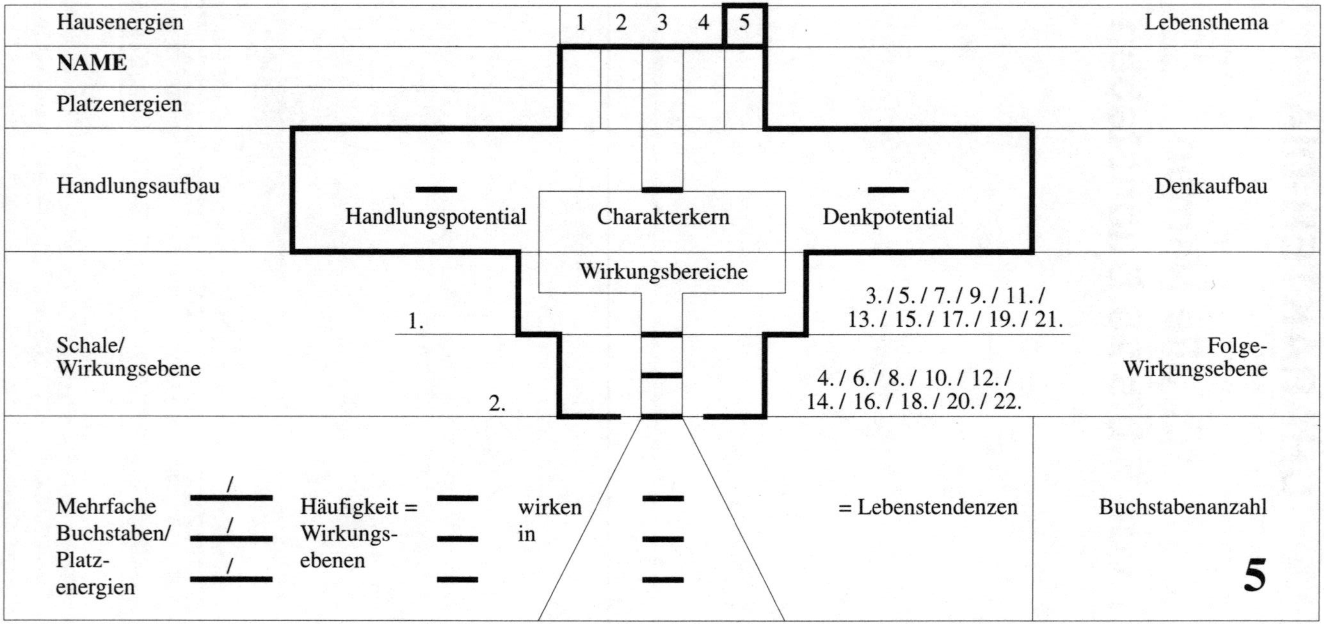

CHARAKTER-DIA

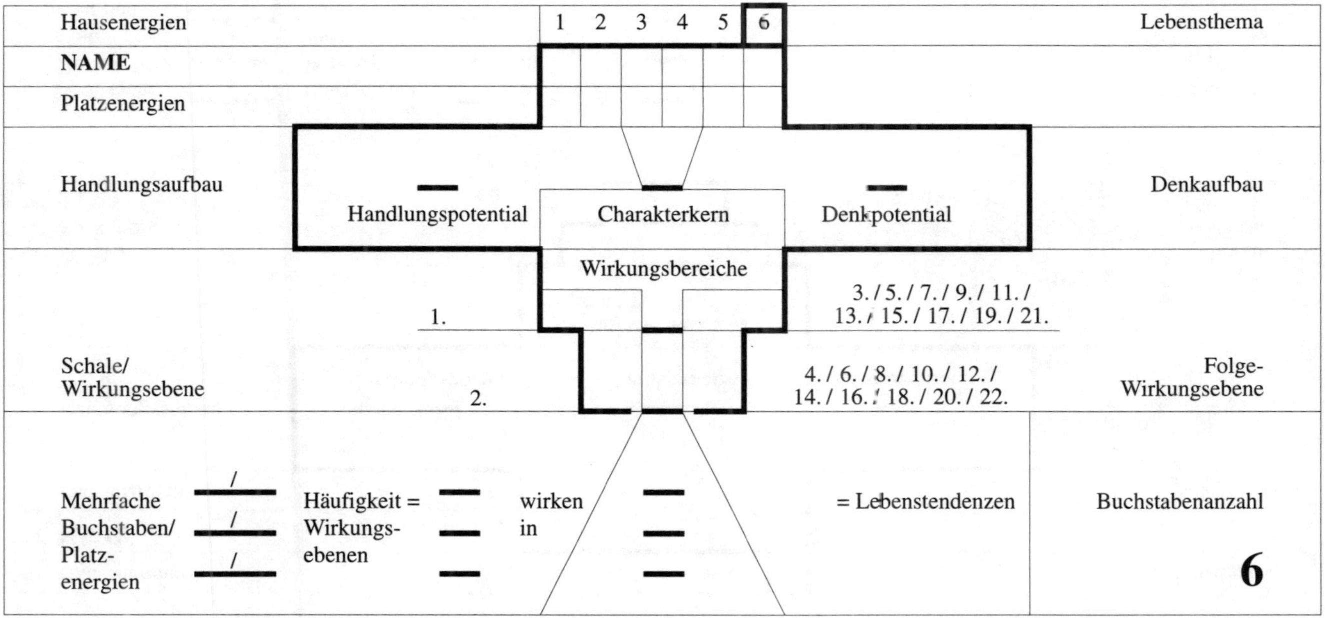

CHARAKTER-DIA

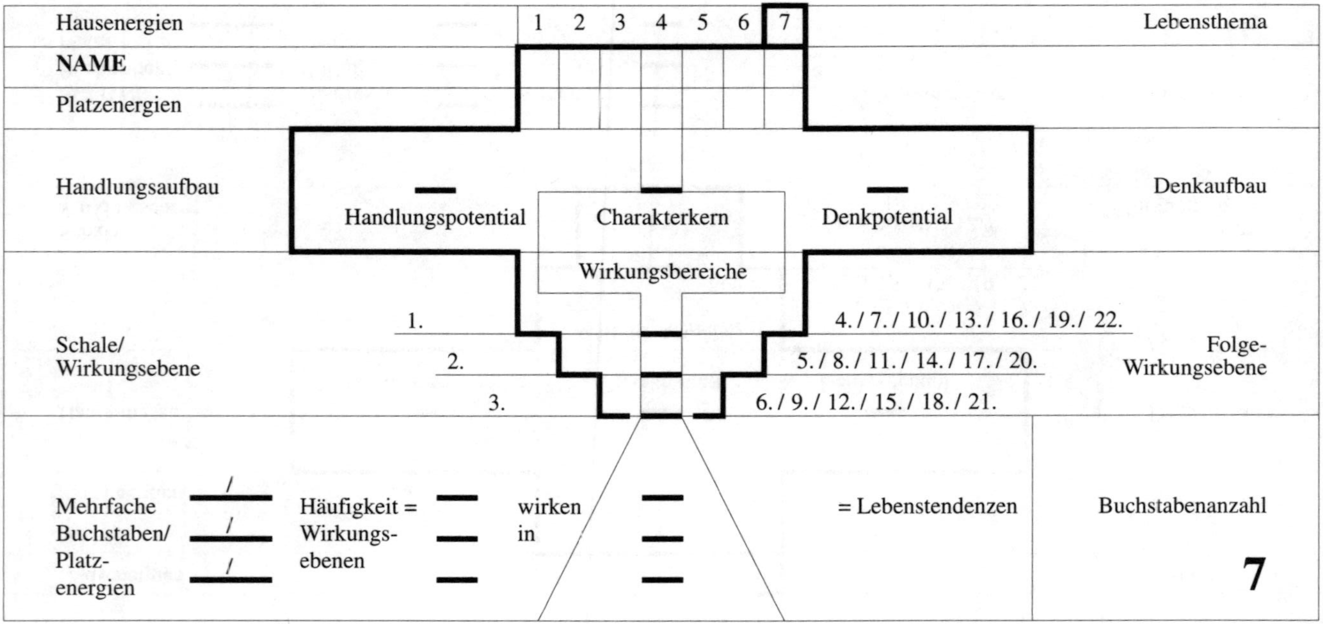

CHARAKTER-DIA

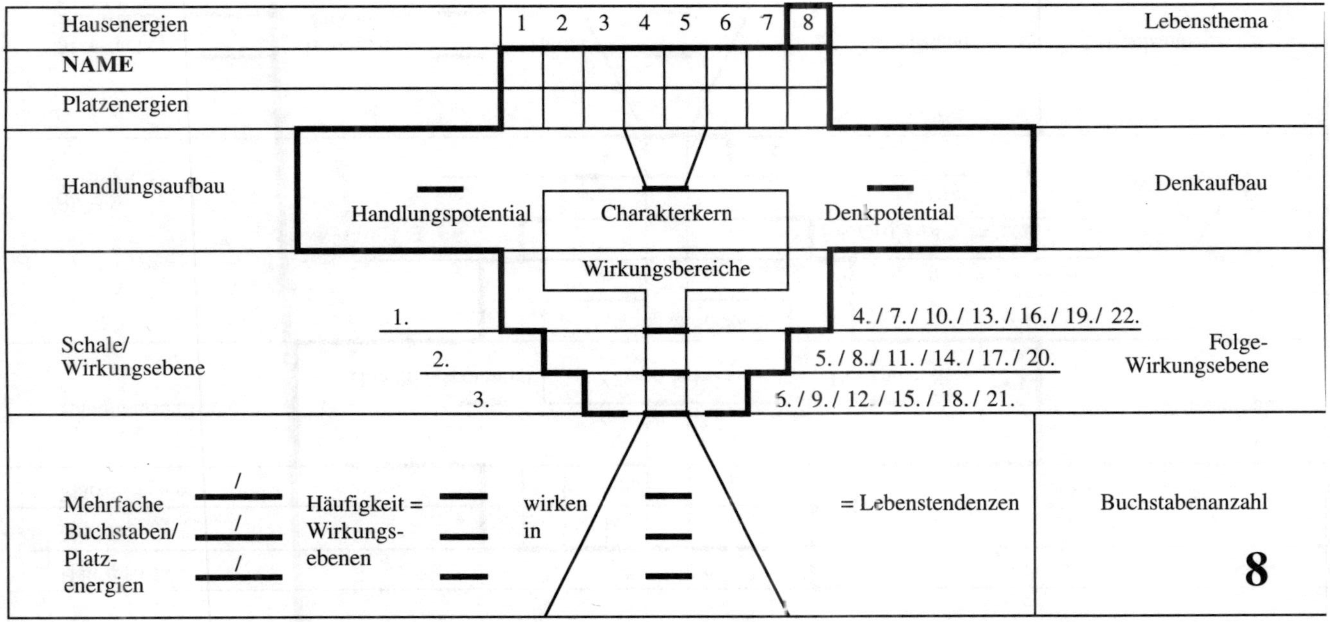

CHARAKTER-DIA

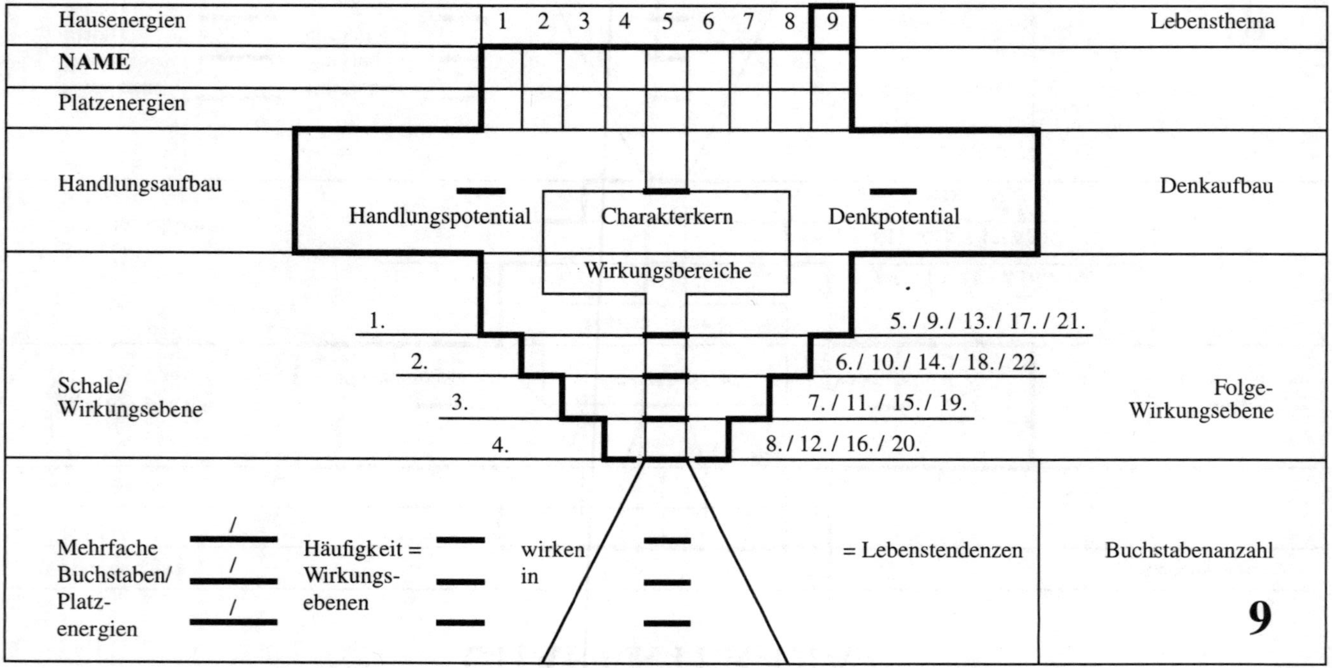

CHARAKTER-DIA

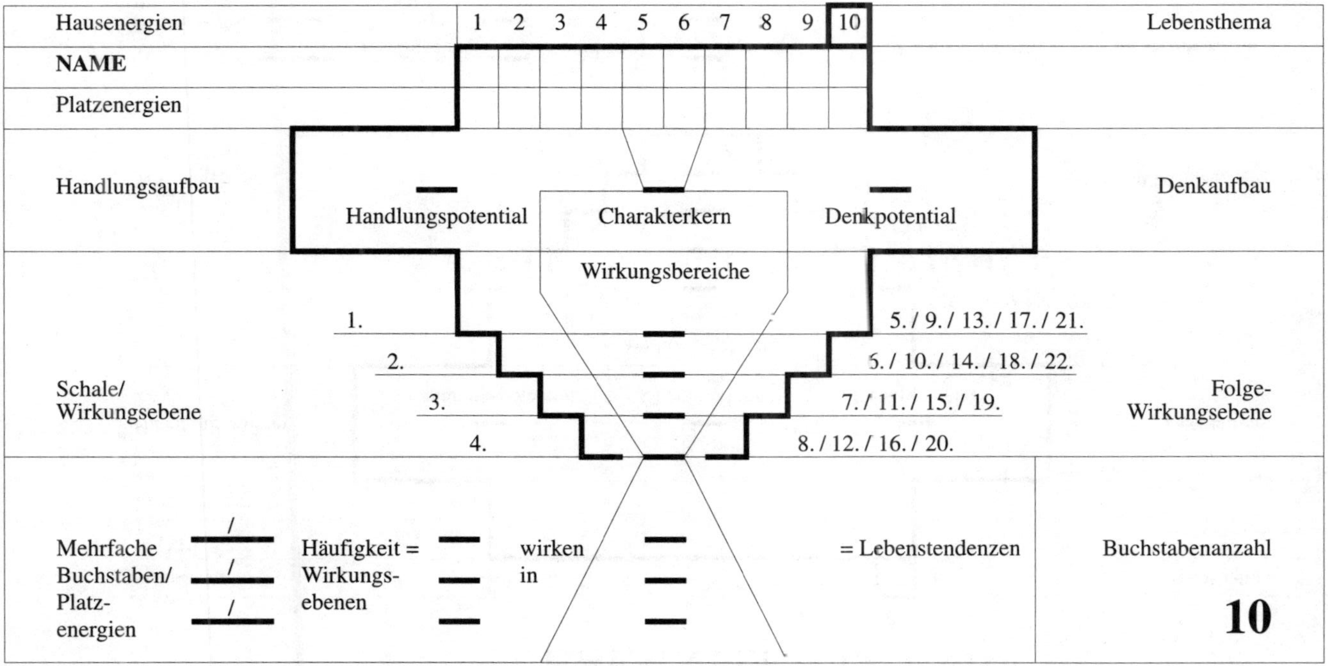

CHARAKTER-DIA

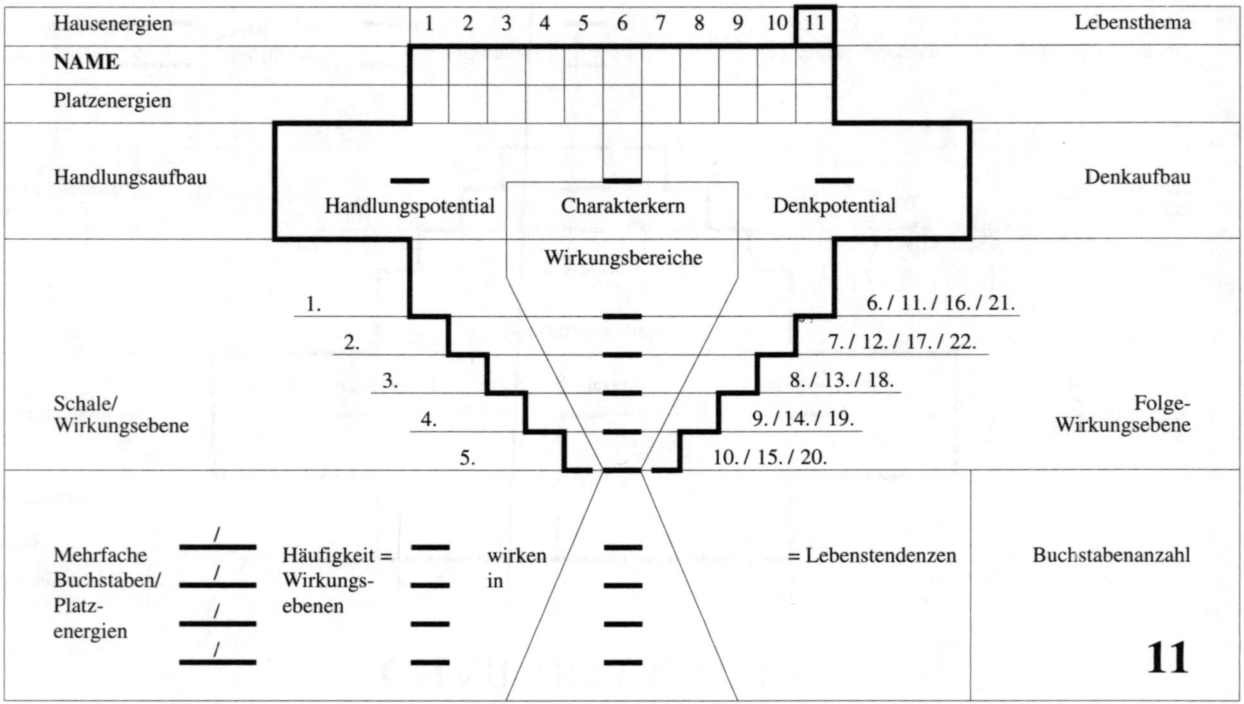

CHARAKTER-DIA

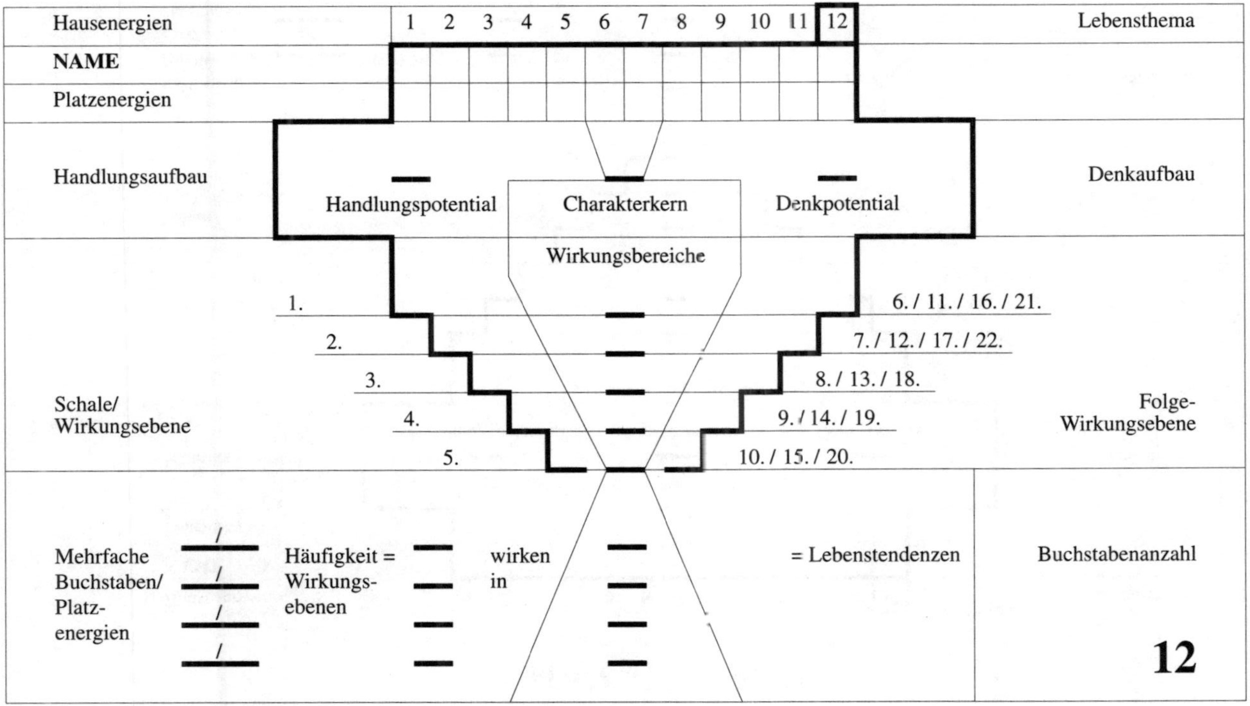

CHARAKTER-DIA

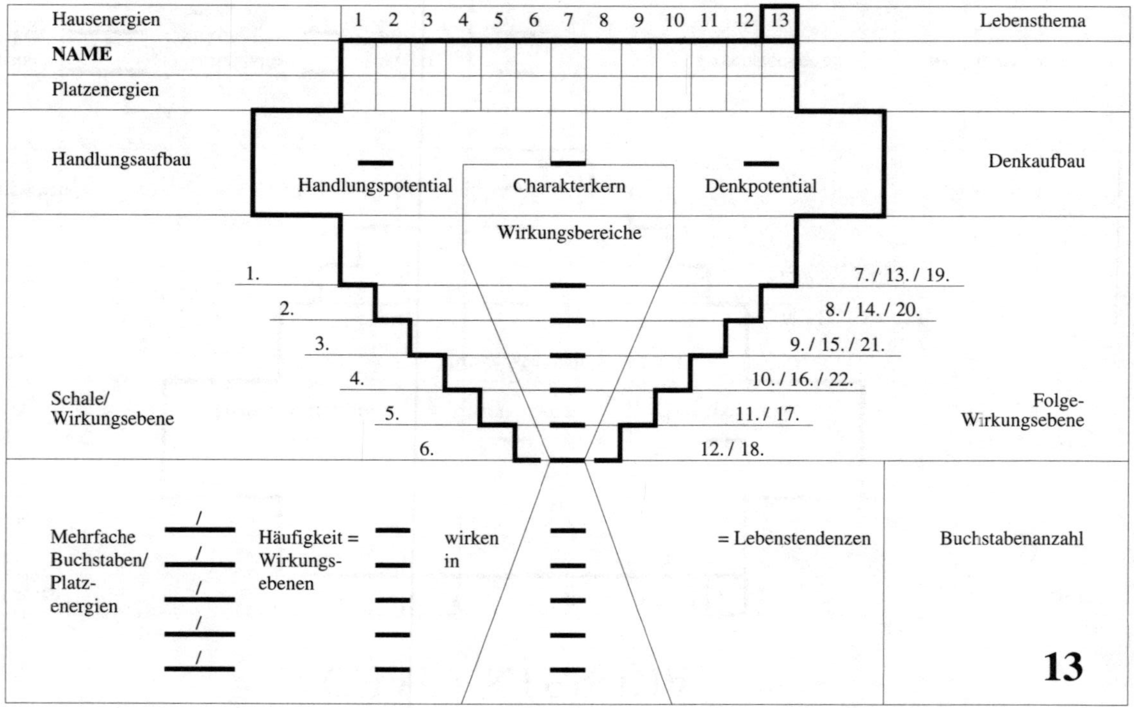

CHARAKTER-DIA

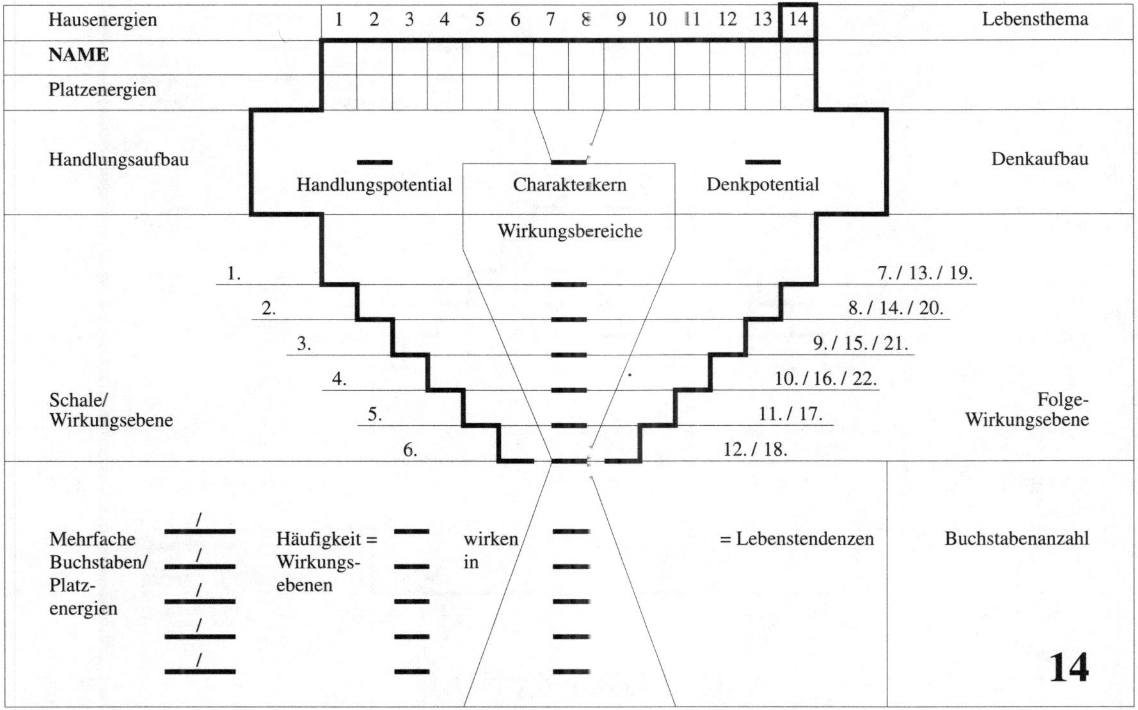

CHARAKTER-DIA

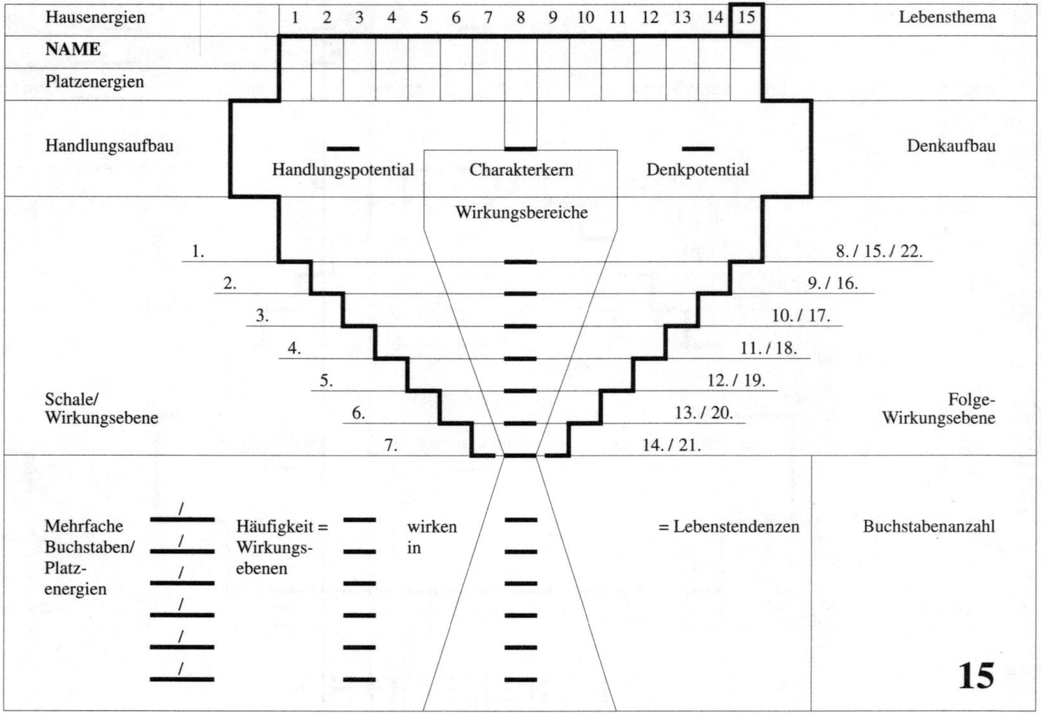

CHARAKTER-DIA

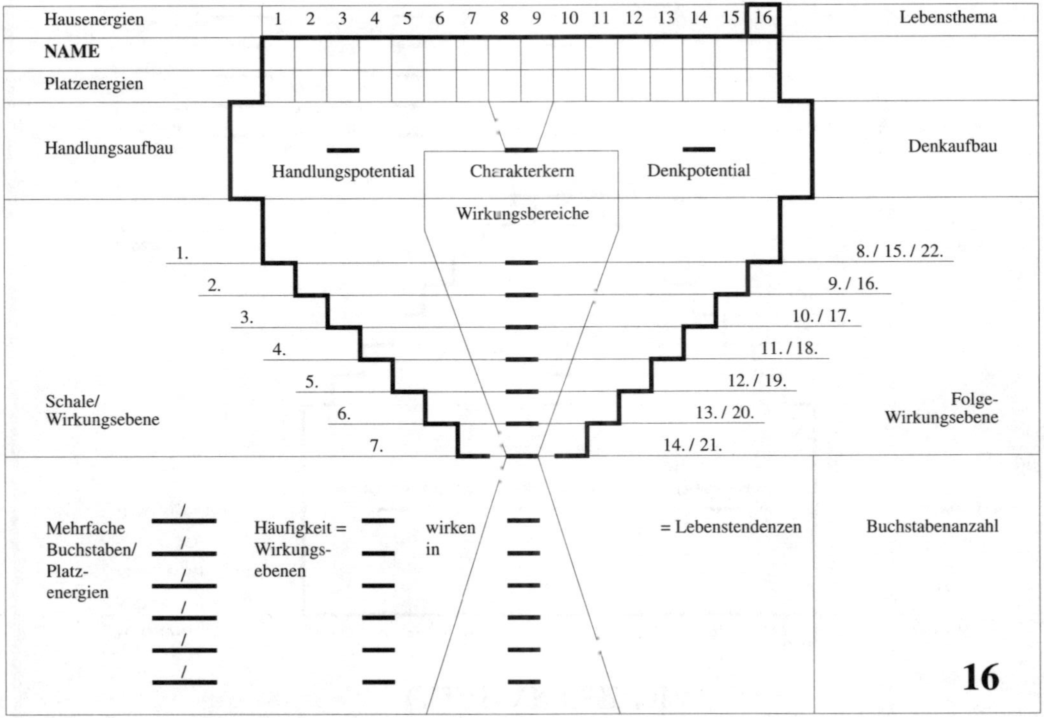

CHARAKTER-DIA

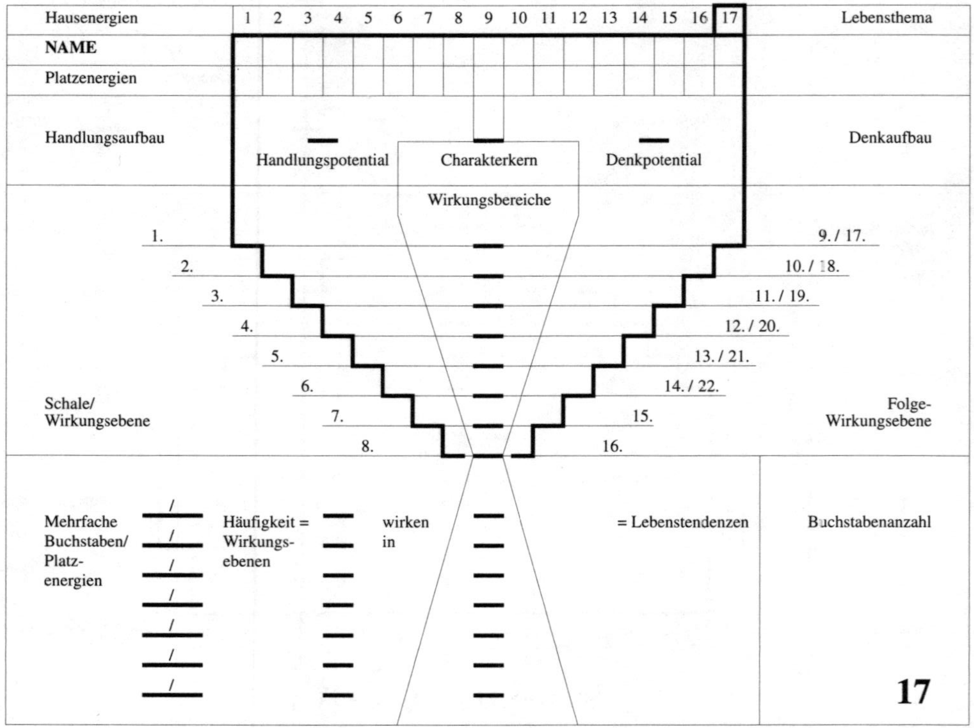

CHARAKTER-DIA

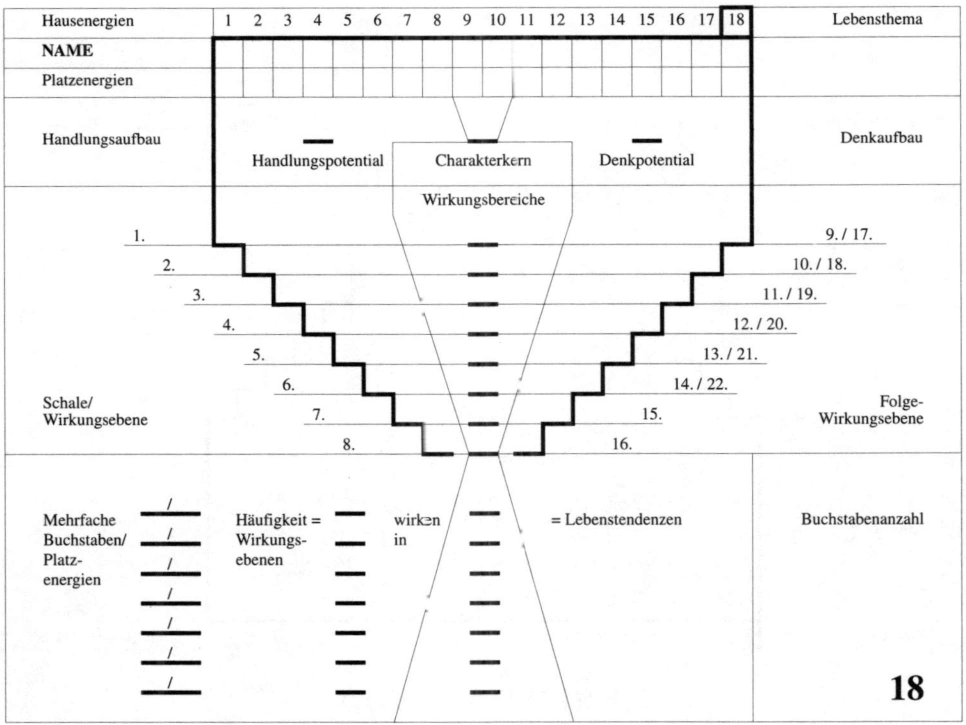

CHARAKTER-DIA

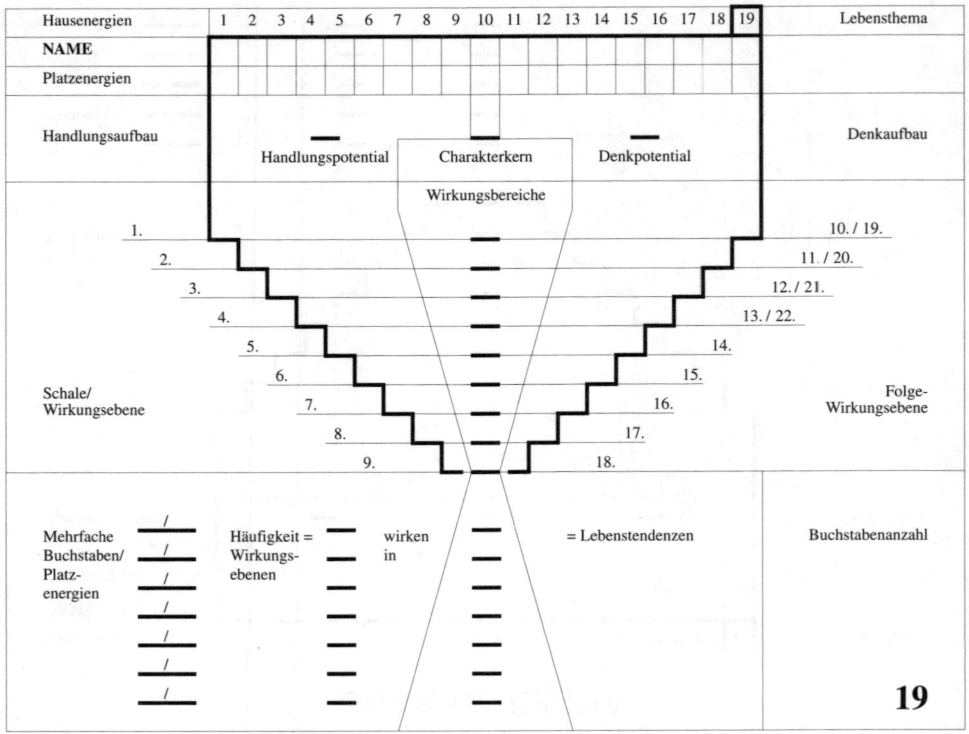

CHARAKTER-DIA

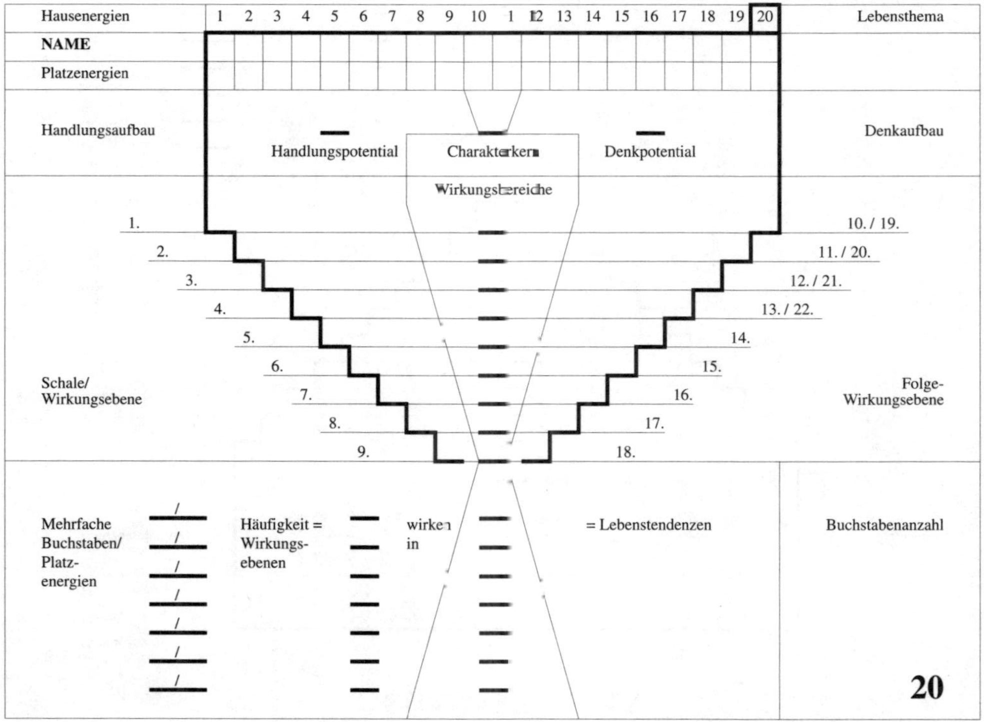

CHARAKTER-DIA

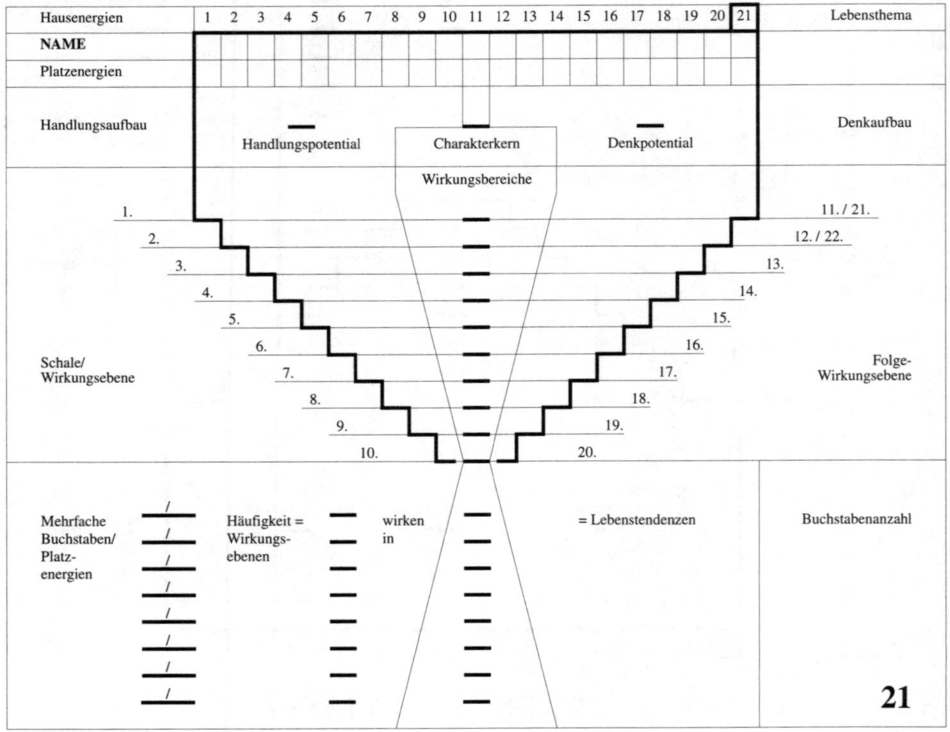

CHARAKTER-DIA

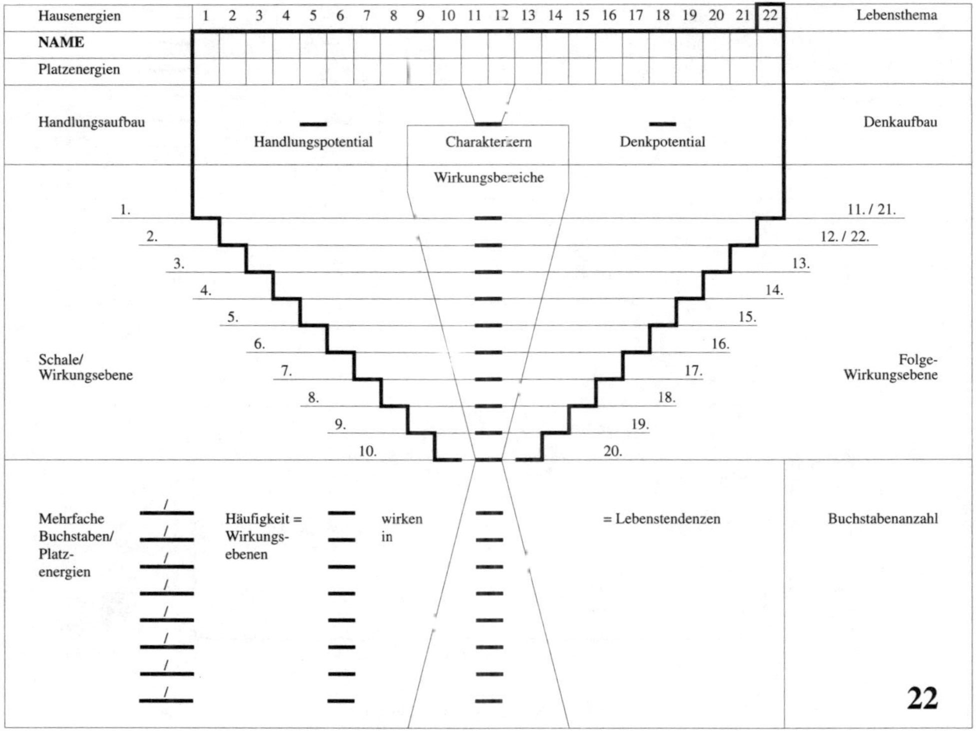

CHARAKTER-DIA

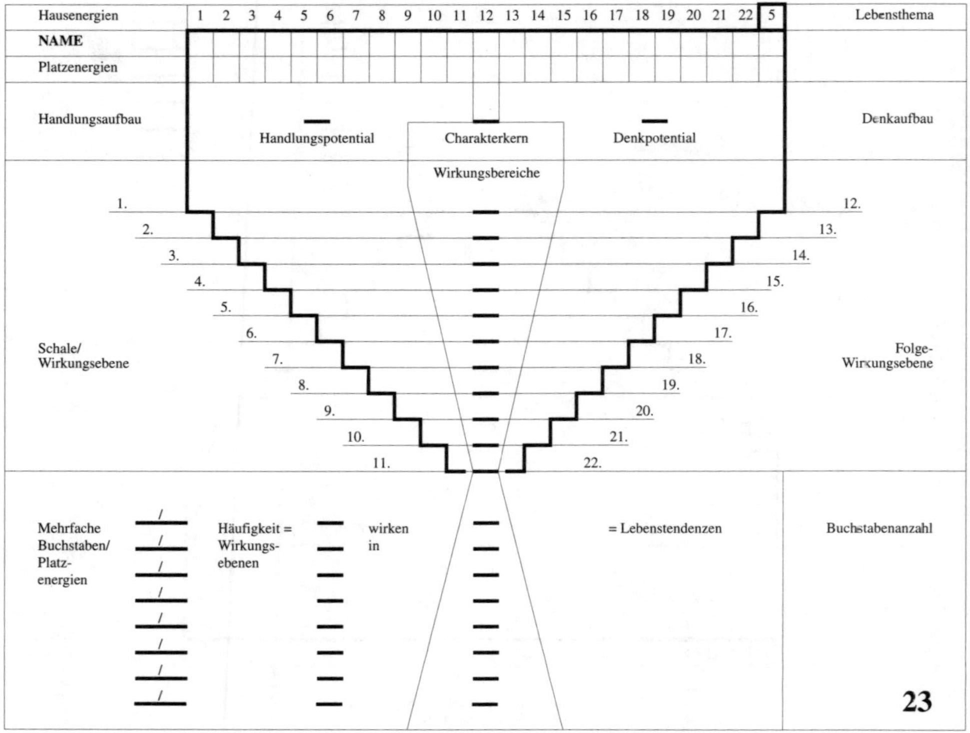

CHARAKTER-DIA

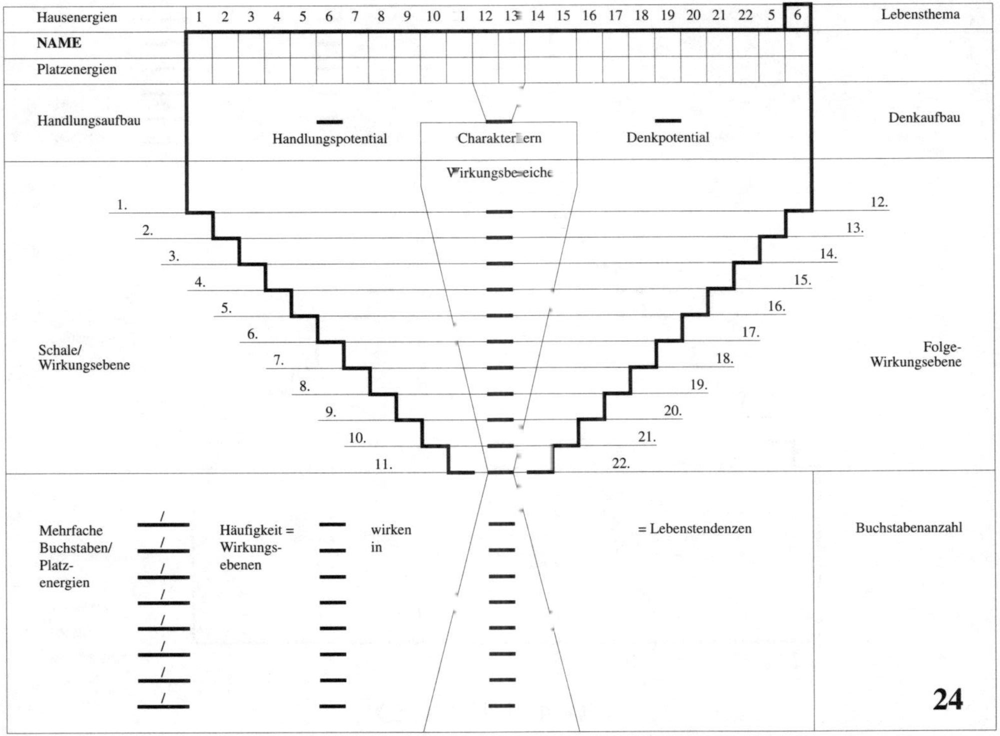

CHARAKTER-DIA

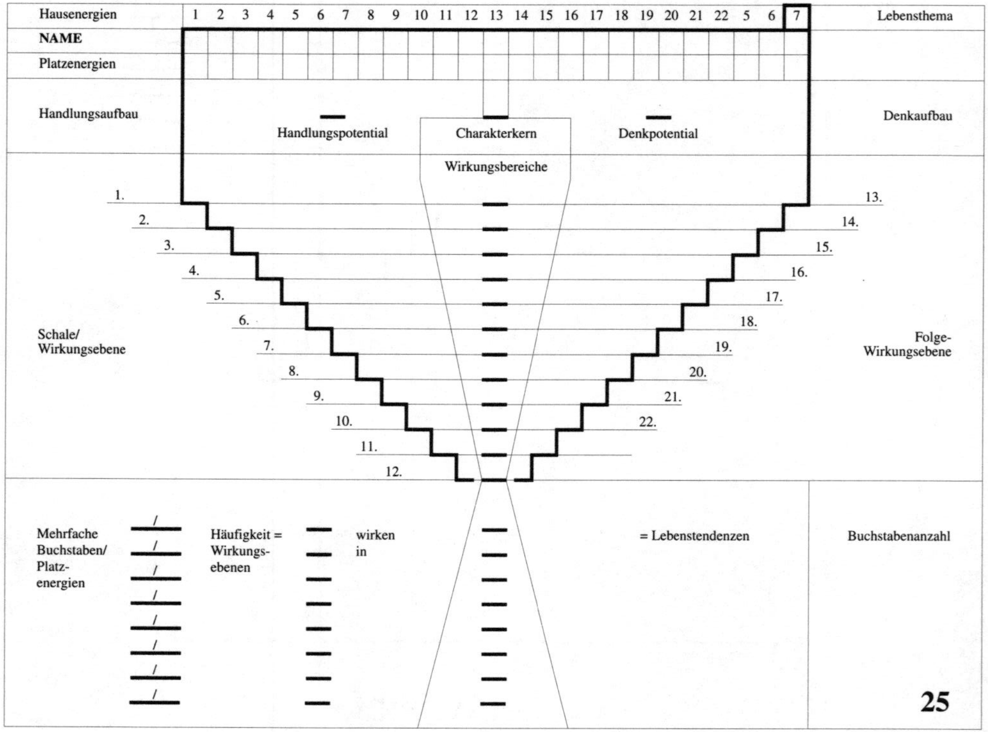

Die Autorin

Angelika Hoefler, Jahrgang 1948, sieht ihre zentralen Aufgaben in der Namensforschung und damit in der von ihr weiterentwickelten Zahlenkabbalistik, mit der sie die Karma-Kabbalistik begründete sowie in der ebenfalls von ihr begründeten Namenspsychologie, die sie mit diesem Buch vorlegt.

Angelika Hoefler, deren Bücher in zur Zeit zwölf Ländern gelesen werden, ist spezialisiert auf die Arbeitsgebiete Persönlichkeitsanalyse, Berufsperspektiven, Karrierebegleitung, Personalstudien, Kompatibilitätsprüfungen und Unternehmensberatung. Sie ist Leiterin des Instituts für Namenspsychologie.

Angelika Hoefler spricht persönliche Karmagramme und Persönlichkeitsanalysen auf Kassette. Weitere Informationen, auch über Einzelsitzungen und Vorträge, erhalten Sie gegen einen adressierten und frankierten Rückumschlag (telefonische Anforderung leider nicht möglich). Schreiben Sie dazu einfach an:

Windpferd Verlag
Stichwort „Namen“
Postfach
D-87 648 Aitrang

Weitere Bücher der Autorin *bei Windpferd:*

Hoefler/Atti, ***Reinkarnationsforschung mit dem Pendel;*** Windpferd, Reihe Schangrila, 4. Auflage, Aitrang 1996

Hoefler, ***I Ging-Ratgeber;*** Windpferd, Reihe Schangrila, 2. Auflage, Aitrang 1993

Hoefler, ***Namen – das ausgesprochene Geheimnis;*** Windpferd, Reihe Schangrila, 6. Auflage, Aitrang 1996

Hoefler, ***Karma – die Chance des Lebens;*** Windpferd, Reihe Schangrila, 4. Auflage, Aitrang 1996

In Vorbereitung:

Hoefler, ***Die Psychologie des Namens in der Partnerschaft***

Angelika Hoefler

Namen – das ausgesprochene Geheimnis

Neue Systeme zur Entschlüsselung der esoterischen Bedeutung von Namen und Zahlen

Kabbalistik bedeutet Überlieferung, und nach der Überlieferung birgt jeder Buchstabe eine Zahl, die durch bestechend einfache Rechensysteme die esoterische Bedeutung eines Namens entschlüsselt. Die von Angelika Hoefler entwickelten Systeme sind ein Einweihungsweg in die kabbalistische Zahlenmystik. Stufe für Stufe gehen wir mit diesem Buch unserer Einweihung entgegen und es wird uns klar, wo es gilt, Zusammenhänge zu knüpfen, was uns hemmt und was uns fördert, wo unsere Pflichten und wo unsere Chancen sind.

256 Seiten, DM/SFr 24,80
ÖS 184,00 ISBN 3-89385-032-5

Dr. John Grey, Bonney Meyer

Gute Karten für die Liebe

Ein inspirierendes Karten-Set für Klarheit, Glück und Erfüllung in Beziehungen und Partnerschaften

Mit „Gute Karten für die Liebe" können wir mehr Klarheit in unsere Beziehungen bringen und konstruktiv handeln. Das Karten-Set ist eine Quelle der Weisheit und ein liebevoller Führer, der und hilft, die Art von Beziehung zu schaffen, die wir wirklich wollen – ob es sich nun um persönliche, freundschaftliche und geschäftliche Beziehungen handelt. Die Karten zeigen, was uns im Moment zu unserem Glück fehlt und welche anderen konstruktiven Alternativen es gibt – damit wir uns wieder wohl fühlen können. Das Buch enthält einen Kommentar zu jeder Karte und zeigt, wie man sie benutzt.

160 Seiten und 64 Karten, DM/SFr 49,80/ÖS 369,-, ISBN 3-89385-155-0

Angelika Hoefler

I Ging Ratgeber

Der geheimnisvolle Schlüssel zum Selbst, zum Partner und zum Leben
Leit-Linien für alle Handlungen und Wandlungen des Lebens

I Ging als Weg-Weiser, der alle Lebenspfade des Ratsuchenden kennt und ihm Leit-Linien bietet: 64 Hexagramme, die Information, Belehrung, Warnung, Ermunterung oder Rat enthalten. Erstmalig wird hier das von der Autorin entwickelte System vorgestellt, das auf einer faszinierenden Symbiose von I Ging und Zahlenkabbalistik basiert und den Leser leicht und schnell darin perfektioniert, Personen und Situationen richtig zu beurteilen, die hinter einem Geschehen wirkenden Einflüsse zu erkennen, gewünschte Erfahrungen zu forcieren, unerwünschte zu vermeiden und zutreffende Prognosen zu erstellen.

176 Seiten, DM/SFr 19,80
ÖS 147,00 ISBN 3-89385-013-9

Angelika Hoefler • Mario Atti

Reinkarnationsforschung mit dem Pendel

Rückführung in Ihre persönlichen Leben

Wer waren Sie in den vielen Leben vor diesem? Wie oft haben Sie schon gelebt? Wann war das und wo? Waren Sie eine Frau oder ein Mann? Welchen Beruf hatten Sie? Wie war Ihr Leben? Welchen Menschen sind Sie in einem früheren Leben schon einmal begegnet? Nie zuvor konnte man auf Fragen dieser Dimension verläßliche und überprüfbare Antworten erhalten. In diesem systematisch von Detail zu Detail führenden Pendelkarten-Kompendium offenbart sich dem Leser lückenlos der Weg vom Gestern zum Heute und weiter zum Morgen. Dieses Buch ist in den Händen des Berufenen eine Quelle der Kraft.

160 Seiten, DM/SFr 19,80
ÖS 147,00 ISBN 3-89385-012-0

Angelika Hoefler

Karma – Die Chance des Lebens

Wie Sie jede menschliche Prüfung in einen persönlichen Erfolg verwandeln

Karma heißt „Tun“, und dieses Buch sagt uns, was zu tun ist. Es läßt uns Dinge wie etwa unseren Beruf oder Begegnungen und Trennungen, aber auch die zuwenig beachteten Momentaufnahmen unseres Alltages mit anderen Augen und aus einem neuen Blickwinkel sehen. Denn Leben ist nicht unabwendbares „Schicksal“, sondern Chance – in jedem Augenblick veränderbar zum Besseren. Wie – das erfahren Sie mit diesem Buch. Der Text knistert geradezu wie mit Erfahrung aufgeladen.
Karma als Weg zur Selbstheilung. Ein erkenntnisförderndes Übungs- und Lesebuch.

128 Seiten, DM/SFr 16,80
ÖS 124,00 ISBN 3-89385-065-1

Christa Kössner

Handbuch für Singles, die es nicht länger bleiben wollen

Der erfolgreiche Weg, Zufriedenheit und Glück in einer von Liebe, Vertrauen und Verständnis geprägten Partnerschaft zu finden

Die Chance, Single zu sein oder Single zu werden, ist heute größer den je. Auf dem Land wird schon jede dritte Ehe geschieden, in der Stadt jede zweite. Viele bleiben Single – die meisten unfreiwillig. Für diese wachsende Gruppe hat Christa Kössner dieses Buch geschrieben. Von der Single-Typologie über Single-Verhaltens-Symptome wie Fehlprogramm, Maskenspiele und Blockaden findet der Single hier ein Repertoire von verschiedensten Spiegelbilder, in denen er sich wiederfinden, woran er arbeiten und sich entwickeln kann.

208 Seiten, DM/SFr 29,80/
ÖS 221,00, ISBN 3-89385-152-6